워케이션

기업이 아닌 근로자가 사무실을 선택하는 시대

워케이션

김경필 지음

워케이션은 기업에게 선도적 기업 문화 창출, 인재 확보, ESG 실행방안을 제공하고 관광업계에는 새로운 관광시장을 열며 지자체에는 지역경제 활성화에 기여한다.

CEO, 인사담당자, 그리고 모든 팀장에게

추천사

워케이션은 가장 대표적인 새로운 일하는 문화가 될 것이다

김종윤, 야놀자 & 야놀자클라우드 대표

메타버스 시대가 도래함에 따라서 현실공간과 가상공간의 구분이 모호해지고 있습니다. 특히 가상현실VR과 증강현실AR 등 디지털 기술이 발전하고 사물인터넷IoT을 포함한 하드웨어 기기가 진화하면서 물리적인 공간보다 콘텐츠와 데이터의 중요성이 커지고 있습니다. 이에 따라 4차 산업혁명으로 설명되는 뉴노멀New Normal 시대에서는 일하는 방식 또한 크게 변화될 것입니다. 비대면 환경에서 인터페이스와 협업 툴이 도입되면서 업무 효율성은 오히려 높아졌습니다. 또한 혁신적인 테크 기업들은 위계질

서가 아니라 OKR Objective and Key Results 기반의 수평적 업무 방식을 적용하고 있습니다. 비대면 업무 환경에서도 신속한 의사결정이 가능해졌기 때문입니다.

콘텐츠의 중요도가 높은 메타버스 시대에 창의성은 중요한 직무역량으로 떠오르고 있습니다. 인공지능AI으로 대체할 수 없는, 미래 생산성을 혁신적으로 높여줄 창의성은 경직된 업무환경에서는 제대로 발휘되기 어렵습니다. 따라서 업무환경을 좀 더 다양화하고 유연화하기 위한 시도는 뉴노멀 시대에 지속적으로 확대될 문화입니다. 향후 워케이션은 가장 대표적인 새로운 일하는 문화가 될 것이라고 보는 이유입니다.

야놀자 또한 2021년 선도적으로 강원도와 함께 워케이션을 실시하여 좋은 성과를 만들었고 이를 지속 확대할 계획을 세우고 있습니다. 새로운 업무환경인 워케이션을 통해 워라밸과 업무 만족도가 향상됐음은 물론이고 업무 효율이 상승했고 새로운 아이디어가 증가하는 성과를 만들어낸 것입니다. 이 책은 새로운 트렌드인 워케이션에 대하여 정성적인 효과뿐만 아니라 다양한 데이터를 기반으로 정량적인 효과까지 논리적으로 분석하고 설명하고 있습니다. 기업 문화를 고민하는 많은 리더와 인사담당자에게 필독서가 될 것입니다.

프롤로그

대전환과 대퇴직의 시대에 어떻게 MZ세대를 유지하고 또 영입할 수 있을까

누구나 대기업에 입사하고 싶어 하지만 최근 들어 대기업은 높은 취업 경쟁률을 뚫고 입사한 MZ세대의 퇴사로 속앓이하고 있다. 기업의 인재들이 미련 없이 퇴사하는 현상은 대기업을 넘어 중소기업과 이제 막 창업한 스타트업까지 전반으로 확산되고 있다. 인재들의 퇴사를 고민하는 것은 국내만의 문제가 아니라 글로벌 현상이다. 2021년 이후 미국의 기업은 코로나19가 진정 국면에 들고 소비가 살아남에도 불구하고 일과 삶 모두를 중시하고 안전과 건강을 우려하는 노동자들이 돌아오지 않고 은퇴하

대기업은 높은 취업 경쟁률을 뚫고 입사한 MZ세대의 퇴사로 속앓이하고 있다. 기업의 인재들이 미련 없이 퇴사하는 현상은 대기업을 넘어 중소기업과 이제 막 창업한 스타트업까지 전반으로 확산되고 있다.

는 대퇴직The Great Retirement의 시대를 맞고 있다. 오늘날 기업은 안팎으로 고달프다. 밖으로는 대전환의 위기에서 디지털 전환 등 생존전략을 짜기에도 버거운데 안으로는 기업을 지탱할 인재의 유출로 현재의 경쟁력을 유지하기도 어렵다. 대전환의 위기를 극복하기 위해서는 인재의 도움 없이 불가능하다는 사실을 감안한다면 대퇴직의 시대에서 특히 재능 있는 MZ세대 인재를 확보하는 것이 더 없이 중요해졌다. 그러다 보니 인재 영입은 기업의 인사담당자뿐 아니라 CEO와 팀장의 주요 업무 중 하나가 되었다. 그러나 현실은 새로운 인재 영입은커녕 자사 인재를 지키기에도 급급하다. 도대체 어떻게 인재를 유지하고 영입할 수 있을까?

높은 연봉은 인재를 지키는 중요한 방법 중 하나다. 하지만 이 방법은 경쟁이 심한 레드오션 시장에서 더 높은 성과를 내는 데 기여하지 못하고 현재의 점유율을 빼앗기지 않기 위해 광고비를 퍼붓는 치킨게임만큼이나 허무하다. 『삼국지』의 유비가 자신이 죽은 후에도 제갈공명을 곁에 둘 수 있었던 것은 높은 연봉이 아니라 마음 때문이었다는 사실은 고대로부터 내려온 조직 관리의 지혜이자 진리이다.

워케이션workation은 워크work+베이케이션vacation의 합성어로 여행지에서 업무를 보고 휴식을 즐기는 새로운 근무 형태로서 기업이 직원의 마음을 얻을 수 있는 좋은 방

프레더릭 테일러. 그는 노동자들이 일하는 방법을 분석하여 효율적인 작업 방법을 고안한 후 모두에게 같은 작업을 지시하고 따르게 함으로써 성과를 냈다. 기업은 대량생산 시대에 테일러의 유산으로 엄청난 성장을 이루었다.

법이다. 하지만 돈이 많은 기업이라고 쉽게 실행할 수 있는 제도는 아니다. 과학적 관리법(테일러 시스템)의 창시자로 현대 기업 관리의 표준을 세운 프레더릭 테일러Frederick

Winslow Taylor에 의하면 기업에서 개인은 관리의 대상이지 신뢰의 대상이 아니다. 테일러는 노동자들이 일하는 방법을 분석하여 효율적인 작업 방법을 고안한 후 모두에게 같은 작업을 지시하고 따르게 함으로써 성과를 냈다. 기업은 대량생산 시대에 테일러의 유산으로 엄청난 성장을 이루었다. 반면 현대는 창의성이 중요한 시대다. 이미 기업은 신뢰를 바탕으로 하여 창의적 인재가 활동하는 경영 패러다임으로 전환한 지는 오래되었지만 이를 뒷받침할 인사와 업무제도는 여전히 미흡하다.

워케이션은 기업과 개인이 신뢰를 바탕으로 한 기업 철학에서 꽃피운다. 서로 보이지 않지만 성실히 자유롭게 업무를 수행한다는 믿음에서 워케이션은 출발한다.

MZ세대의 퇴사로 고민하는 기업에게

기업의 CEO나 인사담당자 또는 기업 현장의 중추인 팀장에게 다음과 같이 질문하고 싶다. "당신의 직원을 신뢰하는가?" 만약 이 질문에 대답하기 망설여진다면 이 책을 덮기 권한다. 만약 이 질문에 "그렇다"라고 답하는 데 주저함이 없다면 이 책에서 인사이트를 얻을 수 있을 것이다.

워케이션은 사무실 이외의 장소에서 근무하는 원격근무remote work의 한 형태다. 대표적인 원격근무로는 코로나19 이후 우리에게 익숙한 재택근무를 들 수 있는데, 워케이션은 여행지에서 일하는 재택근무라고도 할 수 있다. 우리에게는 낯설지만 해외에서는 이미 보편화되어 있다. 시공간의 제약 없이 자유롭게 일하는 전 세계 디지털 노마드들은 최고 성과를 낼 수 있는 장소를 스스로 선택하여 일하고 있다. 어떤 이들은 뉴욕이나 런던과 같은 활기찬 대도시에서 일하고 있고 또 어떤 이들은 자연에서 힐링할 수 있는 동남아나 중남미의 리조트에서 일하고 있다. 리조트에서 일한다고 그들이 놀며 일하는 것이라고 오해하지 않기를 바란다. 그들은 창의적인 업무 성과를 내고 관련 업계의 강력한 네트워킹이 필요한 자신들의 목적에 맞는 최적의 장소를 선택한 것뿐이다.

유럽과 북미에서 시작하여 디지털 노마드의 전유물이었던 워케이션이 일본을 거쳐 국내에 빠르게 상륙하고 있다. 과거 전사적 자원 관리ERP, 균형성과평가제도BSC, 디지털 전환DX, 주 5일제, 유연근무제 등 새로운 시스템이나 제도가 기업에 도입될 때마다 이를 막는 장애물이 늘 있었다. 그런데 코로나19라는 강력한 조력자(?)가 워케이션의 장애물을 미리 제거해버렸다.

워케이션을 도입하기 위해서는 사무실을 벗어나 일하는 원격근무가 보편화되어야 한다. 의도하지도 예상하지도 않았지만 2020년 이후 코로나19는 국내는 물론 전 세계 모든 기업을 강제로 재택근무를 하게 만들었다. 이제 재택근무는 글로벌 트렌드를 넘어 글로벌 뉴노멀New Normal이 되었다.

일부 기업 관리자들의 재택근무 효율성에 대한 의문에도 불구하고 재택근무를 경험한 직장인들은 사무실로 돌아갈 의향이 전혀 없다. 직장인들은 사라진 출퇴근 시간으로 얻은 시간적 여유와 간섭이 적은 편안한 업무 환경

원격근무의 시행 여부가 좋은 직장의 기준이 되고 있다.

에 이미 길들여졌다. 이제 좋은 직장의 기준을 원격근무를 하느냐 하지 않느냐로 판단하는 것은 국내를 넘어 글로벌 현상이 되어버렸다. 세계경제포럼WEF이 전 세계 1만 2,500명의 직장인에게 문의한 결과 64%가 코로나19 이후에도 원격근무를 희망했고 응답자의 30%는 기업이 사무실 근무를 고집하면 이직을 고려하겠다고 답했다.

일본 워케이션 시장 전망

코로나19에도 불구하고 일본의 워케이션은 향후 5배 성장이 예상된다.
(출처: 야노경제연구소)

이런 응답률은 교육·소득 수준과는 비례하고 연령과는 반비례한다. 즉 글로벌 기업 현장에서 높은 연봉을 요구하는 고학력의 재능 있는 젊은 인재를 영입하기 위해서는 원격근무라는 환경 제공이 필수다.

원격근무를 매개로 하는 인재의 확보와 영입은 국내에서도 일어나고 있다. 창의적 업무 환경이 중요한 야놀자와 토스 같은 유니콘으로 성장한 스타트업은 물론이고 CJ ENM과 한화생명 등 대기업도 워케이션을 빠르게 도입하고 있다. 그 이유는 워케이션을 경험한 MZ세대 직장인의 피드백을 들어보면 쉽게 알 수 있다.

"우리 회사 최고예요."

"대표님 사랑해요!"

"창의적인 업무를 할 때 좋아요!"

솔직해보자. 당신이 기업의 경영자라면 이런 호응이나 호감도를 얻은 적이 있는가? 자신의 감정에 솔직한 MZ세대에게 워케이션은 회사를 사랑하게 만들고 기업에게는 인재를 확보하고 유지할 수 있는 마법 같은 업무 형태다.

위기 가운데 있는 관광업계에게

워케이션이 기업에게 마법과 같은 업무 형태라면 코로나19로 신음하는 관광업계에는 새로운 활력을 불어넣는 신규 관광시장이며 침체된 지자체에는 경제 활성화의 동력이 된다. 우리보다 앞서 워케이션을 도입한 일본이 이를 증명하고 있다.

기존 관광은 관광객이 주중에 휴가를 내거나 주말을 이용해 자비로 가기 때문에 시장의 확대가 제한적이다. 주말이나 휴가 기간이라는 한계가 관광 시장의 한계를 만든다는 말이다. 반면 워케이션은 기간의 한계 없이 직장인이 기업의 허락과 지원하에 주중 업무를 수행하는 새로운 업무 형태이자 관광 형태다. 즉 기업에는 새로운 업무 형태이고 관광업계에는 새로운 관광 시장이다. 워케이션은 코로나19의 장기화로 관광업계가 침체를 넘어 생존을 위협받고 있는 상황에서 관광 시장에 새로운 활력을 불어넣을 좋은 대안이다. 아울러 주중 체류형 관광 확대라는 관광업계의 오랜 숙제를 해결할 절호의 기회다.

관광업계는 어떻게 이 기회를 잡을 수 있을까? 기업 고객은 개인 관광객이나 단체 관광객과는 다른 관광 니즈를 갖고 있으므로 워케이션에 대한 고객 인식을 잘 이해하는 것이 중요하다. 예를 들어 워케이션을 업무 형태로 생각하는 기업에게 업무 인프라는 반드시 갖추어야 하는 기본 요소다. 아무리 관광 인프라가 잘 되어 있어도 업무 인프라가 미흡하면 워케이션을 실행할 수 없다는 이야기다. 그럼에도 많은 관광업계가 워케이션을 관광의 개념으로만 접근하고 있는데 이는 시급히 개선해야 한다. 이에 대해선 4부에서 자세히 다루겠다.

지역 소멸로 고민하는 지자체에게

지자체는 인구 감소로 인한 지역 소멸의 위기에 처해 있다. 우리나라를 비롯한 많은 선진국이 경험하는 난제다. 지역 소멸의 대안으로 정부와 지자체는 지역에 머무는 정주인구[1]의 확대를 위해 여러 가지 제도적 지원을 아끼지 않지만 투자 대비 효과는 미미해서 지금도 여전히 인구 소멸이 진행되고 있다. 관광이 지역의 교류인구를 늘리는 데 일부 효과가 있긴 하지만 짧게 머무는 관광의 효과는 일회성일 뿐이다.

일본은 2010년대 중반부터 일주일에서 한 달 이상 머무는 워케이션을 정주인구의 한계와 관광의 일회성 효과를 극복할 수 있는 좋은 대안으로 판단했다. 우리보다 먼저 지방 소멸 위기를 겪은 일본의 지자체가 워케이션의 효과를 알고 이에 대한 지원을 아끼지 않고 있다는 것은 시사하는 바가 크다.

이 책의 활용

이 책은 먼저 일하는 문화에 관심이 많아 워케이션을 도입하고 활용하고자 하는 기업의 CEO, 인사담당자, 그리고 현장 조직을 관리하는 팀장을 위해 집필됐다. 아울러 워케이션이란 기회를 준비하고 있는 관광업계와 지차제 담당자들을 위한 내용을 다뤘다. 기업의 이해를 돕기 위해 1장에는 워케이션이 시작된 배경을, 2장에는 워케이션의 장점과 효과를, 3장에는 워케이션의 도입 방법을 담았다. 4장에는 관광업계와 지자체가 워케이션에 어떻게 대응하면 좋을지를 담았다. 각자의 필요에 따라 선택하여 읽거나 읽는 순서를 바꾸어도 좋을 것이다.

| **목차** |

추천사

워케이션은 가장 대표적인 새로운 일하는 문화가 될 것이다 • 6
김종윤, 야놀자 & 야놀자클라우드 대표

프롤로그

대전환과 대퇴직의 시대에 어떻게 MZ세대를 유지하고
또 영입할 수 있을까 • 9

1장 워케이션은 왜 시작되었는가
Why

대한민국이 워라밸 사회로 진입했다 • 27
MZ세대는 워라밸이 안 되면 퇴사한다 • 30
기업 복지가 좋으면 자부심을 주고 나쁘면 박탈감을 준다 • 33
MZ세대가 원하는 복지는 자기 통제권이다 • 39
재택근무가 인재를 모은다 • 44
MZ세대는 재택근무를 효율적이라 인식한다 • 49
워케이션은 재택근무 이후 넥스트 업무 형태다 • 54
기업이 아니라 직원이 사무실을 선택하는 시대다 • 60
[사례연구] 글로벌 워케이션의 유형 • 66

2장 워케이션을 하면 무엇이 좋은가
What

직장인의 워라밸 라이프가 가능해진다 · 79

직장 동료와의 유대감이 높아진다 · 86

창의적이고 긍정적인 성과를 낸다 · 90

기업이 ESG 경영을 하도록 돕는다 · 95

워케이션 가치사슬은 기업 경쟁력을 강화한다 · 100

[사례연구] ESG와 워케이션 · 102

3장 워케이션을 어떻게 도입할 것인가
How

워케이션은 여행지에서 일하는 원격근무다 · 113

워케이션 파일럿 프로그램을 운영해보자 · 117

[사례연구] 워케이션의 유형 · 129

1. 관광지형 워케이션: ①한화생명 · 129 | ②토스랩 잔디 · 131

2. 파일럿 프로그램형 워케이션: CJ ENM · 135

3. 개인과 팀 단위 지역 연계형: 서천 청년 마을 워케이션 · 138

4장 How
관광업계와 지자체는 어떻게 대응할 것인가

관광업계와 지자체는 전대미문의 위기에 놓였다 • 143
워케이션은 관광이 아니라 업무 형태로 홍보한다 • 148
한국형 워케이션은 기업 고객의 이해로 시작한다 • 155
지자체는 기업과 관광업계를 지원해야 한다 • 167

에필로그 이미 워케이션은 시작됐다 • 180

1장

워케이션은 왜 시작되었는가

대한민국이 워라밸 사회로 진입했다

"대한민국은 2019년을 기점으로 워라밸 사회로 변모하였다."

통계청 사회 조사에 의하면 2019년을 기점으로 우리나라가 워라밸work-life balance(일과 삶의 균형) 사회로 변모하고 있다고 평가하였다. 조사에 의하면 그동안 우리 국민들은 일을 가정보다 우선시 여겨왔는데 2019년에 처음으로 일과 가정생활 중 '둘 다 비슷'이 '일을 우선'한다는 지표보다 처음으로 높아졌다. 즉 워라밸에 대한 인식이 처음으로 '일을 우선'하는 인식보다 높아졌고 2021년에는 그 격

일과 가정생활의 우선도

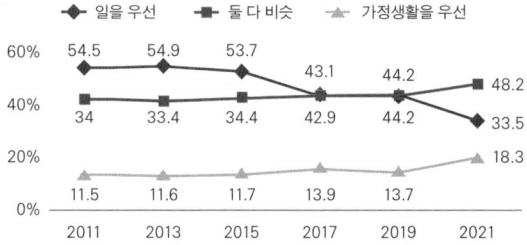

(출처: 통계청 2021 사회 조사)

차가 무려 12% 이상 급격히 벌어졌다.

우리나라가 어떤 사회인가? 2018년 경제협력개발기구OECD에 의하면 한국은 멕시코와 코스타리카 다음 3위로 일이 우선인 '늦게까지 일하는 사회'였다. 그런데 소위 MZ세대를 중심으로 사회가 빠르게 변모하고 있으며 모든 분야에서 변화에 대응하고 있다. 기업도 이런 현실을 피할 수 없기에 기민한 스타트업부터 대기업까지 변화의 행렬에 동참하고 있다. 2019년 이후로 직원들의 워라밸을 보장하는 것이 기업 경영의 중요한 이슈로 떠오르게

2019년을 기점으로 우리나라는 워라밸 사회로 변모하고 있다.

되었다. 하지만 이에 대한 대응이 미흡한 것은 중소기업 뿐만 아니라 치밀한 인사 관리를 한다는 대기업도 예외가 아니다.

MZ세대는 워라밸이 안 되면 퇴사한다

"MZ세대, 1년 내 조기 퇴사자 비율 높다."
"기업 10곳 중 9곳 MZ세대 동기부여 어렵다."
(출처: 경향신문 2021. 6. 2.)

2021년 6월 구인구직 매칭 플랫폼 사람인이 500개 기업을 대상으로 1년 이내 조기 퇴사자 현황에 대해 알아본 결과 응답 기업의 49.2%는 MZ세대의 1년 이내 조기 퇴사자 비율이 높다고 답했다. 1년 이내 퇴사자들은 입사한 지 평균 5개월 이내 결정을 하는 것으로 집계됐다. 이런 현상은 대기업도 마찬가지다. 삼성전자에서는 2021년 MZ세대 핵심 소프트웨어 개발자 20~30명이 한꺼번에 퇴사했다. 현대자동차 역시 갈수록 취업 선호도가 떨어지고 있다. 그러다 보니 대기업 경영진도 퇴사를 고민하는 MZ세대를 잡기 위해 소통을 시작했다.

MZ세대의 최대 고민은 취업이고 가장 가고 싶어 하는 기업 중의 하나는 대기업이다. 그런데도 MZ세대가 대기업을 퇴사하는 이유가 뭘까? 이유야 어찌됐든 1990년대생의 퇴사로 인한 어려움은 인사팀과 현장의 팀장은 물론 대기업 회장까지 근심하게 만든다. SK의 최태원 회장은 이데일리와의 인터뷰에서 MZ세대만의 노동 유연성(업무 방식)이 필요하다고 고백한다.

"결국 한 사람과 기업 간의 계약 관계로 가게 돼 있습니다. 이제 회사와 개인이 일대일 계약의 주체로 바뀌었습니다"라고 하면서 "직원들이 필요한 것이 직업의 안정성이나 돈이 아니라 이제는 시간, 자유도, 성취 등 필요에 따라 다양할 수 있습니다. MZ세대가 필요로 하는 것이 이런 (업무 방식) 자유가 아닐까 생각합니다"라고 언급했다.

  이제 기업이 MZ세대만의 새로운 인사제도를 고려해야 인재를 확보할 수 있다고 고백한 것이다. 그렇다면 인재 확보를 위해 기업이 무엇을 선택해야 하는지 알아보자.

기업 복지가 좋으면 자부심을 주고 나쁘면 박탈감을 준다

워라밸 사회가 기업에 요구하는 것은 칼퇴로 상징하는 시간의 준수만을 의미하지 않는다. 기업이 직장인에게 제공하는 주요한 혜택 두 가지는 연봉과 복지다. 그리고 특히 중요한 것이 연봉이라는 사실은 부인할 수 없다. 그러나 워라밸에 대한 직장인의 욕구는 연봉이 최고의 직장 선호 순위라는 근간에 서서히 균열을 일으키고 있다. 이는 기업의 인사제도 전반에 대한 재검토를 요구한다.

엠브레인이 19~59세 직장인 1,000명에게 조사한 기업 복지제도 인식에 의하면 연봉과 복지의 중요성을 각

[연봉 vs 복지제도] 선호도 비교

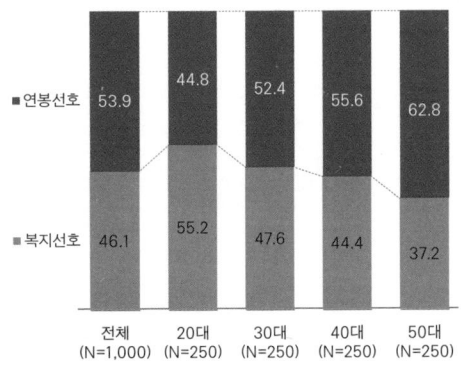

(출처: 엠브레인 트렌드 모니터, 2021. 7. 21)

각 53.9%와 46.1%라고 말한다. 연봉이 복지보다 중요하다는 선호도 차이는 약 7% 정도로 작았다. 그런데 20대의 경우 오히려 복지를 더 선호했다. 복지에 대한 선호는 MZ세대에게 종종 이직의 이유가 된다.

"제주도에 워케이션을 왔다고요? 어떤 회사인지 알 수 있을까요?"

우리가 제주 워케이션 중 지역 액티비티에 참가했을 때

우연히 만난 20대 후반의 직장 여성이 놀라면서 물었다. 자신은 어렵게 휴가를 내 제주에 왔다고 했다. 그런데 제주에서 낮에는 일하고 저녁에는 여행을 즐길 수 있는 환경을 마련해주는 훌륭한 회사를 알고 싶다고 했다. 나와 동료들은 처음 만난 낯선 이의 덕담으로 여겨 회사 이름을 말하지 않고 좋은 컨설팅 기업이라고만 소개했다. 그러나 프로그램이 끝나면서 우리를 인솔한 가이드의 전화에서 그녀의 말이 단순히 덕담이 아니었음이 밝혀졌다.

"방금 전 인솔한 가이드입니다. 아까 이야기 나누던 여성분이 연락하고 싶다고 연락처를 알려달라는데 알려주어도 될까요?"

그 여성은 끝내 우리 회사를 알고 싶어 가이드를 통해 연락한 것이다. 그때까지도 나는 그녀의 관심을 자신이 근무하는 회사의 워케이션 부재로 인한 상실감 정도로 여겼다. 그러나 서울로 돌아온 뒤 본 보고서 결과를 보고 그녀에게 워케이션의 부재는 단순한 상실감이 아니라 그 이상의 박탈감을 줄 수 있었음을 알았다. 계속해서 엠브

레인 트렌드 모니터의 복지제도 인식 결과를 통해 좀 더 자세히 살펴보자

- 직장인 70.4%는 다른 기업의 차별화된 복지를 접하면 상대적 박탈감을 느낀다
- 직장인 77.8%는 차별화된 복지제도를 높은 연봉만큼 중요하게 인식한다

워라밸이 중요한 직장인에게 차별화된 복지는 연봉만큼 중요하고 차별화된 복지제도의 부재는 상대적 박탈감을 느끼게 하여 끝내 이직을 고려하게 만든다.

- 직장인 57%는 복지제도가 불만족스러울 때 이직이나 퇴사를 고려한다

말은 안 했지만 그날 동행했던 동행인 7명 중 약 4명은 워케이션으로 제주도에 왔다는 말을 듣고 이직을 고려할

직장 내 '복지제도' 관련 전반적인 인식 평가

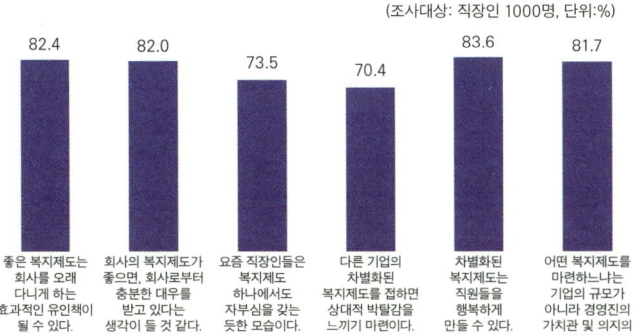

(출처: 엠브레인 트렌드 모니터, 직원들의 '자부심'과 '상대적 박탈감'에 영향을 주는 직장 내 복지제도의 중요성, 2021. 7. 21.)

것이라는 말이다. 이와 반대로 기업이 차별화된 복지제도를 갖추면 훌륭한 인재를 확보할 수 있는 것 이외에도 긍정적인 효과가 있다.

- 직장인 82.4%는 기업의 복지제도가 좋으면 오래 다닌다
- 직장인 73.5%는 기업의 복지제도 하나에서도 자부

심을 느낀다

좋은 복지제도는 직원들이 회사를 오래 다니게 하는 효과적 방법이며 자부심을 심어준다. 직장인 복지제도 인식조사와 내가 워케이션을 즐기면서 제주도에서 만난 MZ세대 여성이 워케이션에 기대하는 바는 명확하다.

- 워케이션은 당신의 직원에게 자부심을 주고 없으면 박탈감을 주게 된다

MZ세대가 원하는 복지는
자기 통제권이다

 어떤 복지제도를 만들면 2030 MZ세대가 계속 직장을 다니게 할 수 있을까? 엠브레인 트렌드 모니터 조사 결과를 통해 알아보자. MZ세대가 선호하는 복지제도 1, 2순위는 각각 주중 조기 퇴근과 유연근무제였다(반면 4050세대의 1, 2순위는 안식년 휴가와 장기근속 포상이다). 엠브레인은 MZ세대가 유연한 시간 선택, 즉 시간 선택권을 중요하게 여긴다고 평가했다. 내가 원하는 시간에 일하고 원하는 시간에 쉬는 것이 중요하다는 것이다.
 또한 MZ세대는 불필요한 복지로 체육대회와 단합대회

를 꼽았다. 이는 MZ세대가 시간 선택권을 중요시한다는 사실을 알면 쉽게 이해된다. 자신들이 원하는 시간에 일하고 쉬는 시간에 쉬며 아무리 좋은 것이라도 회사나 상사가 주는 불필요한 복지는 싫어해서 궁극적으로는 회사를 그만두게 만든다는 것이다.

MZ세대가 누구인가? 대학내일이 발간한『밀레니얼-Z세대 트렌드 2022』에 의하면 자신의 라이프스타일로 주변을 통제하는 데 익숙하다. 수업도, 야자도, 급식의 우유 맛까지도 외부의 통제나 지시가 아니라 스스로 선택하는 것이 익숙한 세대다. 이들의 통제력에 대한 욕구는 기업 안에서도 유효하다.

2030은 4050보다 기업 안에서 본인의 상황에 맞게 업무 환경을 통제하려는 욕구가 강하다. 이런 통제 욕구가 사회적으로 확산된 사례가 SK하이닉스의 성과급에 대한 투명한 공개 요구 사건이다.[2] 2021년 2월 SK하이닉스의 한 MZ세대 직원은 자신의 대학 시절 리크루팅에서 삼성전자와 비슷한 규모의 성과급을 보장한다고 했는데 왜 주

MZ세대의 근무 환경 통제 욕구
: 나의 상황에 맞게 환경을 조정하고 싶다 (동의율)

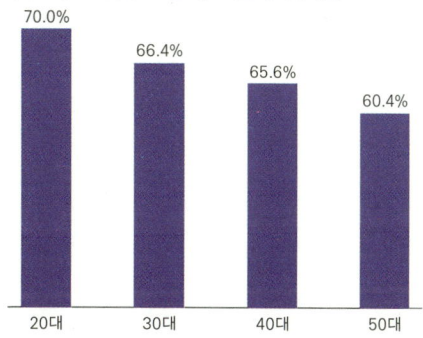

(출처: 마크로밀엠브레인, 『2022 트렌드 모니터』)

지 않느냐고 공개적으로 주장하여 파장을 일으켰다. 이 사건을 진화하기 위해 최태원 회장은 자신의 연봉 30억 원을 반납하겠다고 했다. 대기업 회장의 희생(?)에도 불구하고 이러한 대처는 MZ세대를 전혀 이해하지 못했다는 것만 드러내고 말았다. MZ세대 직원은 30억 원을 직원 수로 나누면 10만 원밖에 안 된다며 성과급 산정에 대한 투명한 공개를 요구했다. 이는 많은 직원의 지지를 받았다. 결국 사태는 SK 대표이사의 사과와 성과급 제도 개선안이 제시되고 나서야 끝났다. MZ세대는 자신이 원하는 시간에 자신이 원하는 방법대로 일하고 자신이 기대한 만큼 합리적으로 보상받기를 원한다. 이 사례는 국내 대기업 경영진이 자사에 근무하는 MZ세대를 이해하지 못하고 있다는 사실을 보여주는 상징적 사건이었다.

MZ세내의 자기 통제 욕구는 대기업 안에서뿐만 아니라 가장 선호하는 공무원 조직 안에서도 유효하다. 매일경제[3]에 의하면 어려운 행정고시에 합격하고 사무관이 된 1~2년 차 공무원들이 자리를 박차고 나가 학원강사와 네이버로 옮기는 탈세종시 현상이 일어나고 있다고 우려한다.

정부 부처가 모여 있는 세종시에서는 '하명식 정책'에 따른 과도한 업무량과 대기업과 비교해 여전히 낮은 임금 등으로 MZ세대 공무원이 어려움을 겪고 있다. 특히 정부 부처의 꽃이라 불리던 기재부 인기는 예전만 못하다. 정치권 입김에 따른 각종 정책 탓에 야근을 밥 먹듯이 하고 하명식 정책 지시 등으로 무력감까지 느낀다는

게 젊은 사무관들의 얘기다. 그러다 보니 기재부에서는 1년에도 몇 차례씩 임용된 지 5년 미만인 젊은 사무관이 이직하고 있다.

MZ세대에게 자기 통제권은 안전을 보장하는 공무원 자리보다 중요하다. 글로벌 기업과 경쟁하고 글로벌 고객의 니즈에 맞는 초일류 상품과 서비스를 제공하여 해외에서는 찬사받는 국내 기업의 경영자가 오히려 제일 가까이 있는 MZ세대 직원에 대한 몰이해로 마땅한 복지제도를 찾지 못해 쩔쩔매고 있다. 그리고 선진국에 진입한 우리나라 정부에서 자부심을 느끼며 일해야 할 MZ세대 공무원은 세종시에서 탈출하고 있다.

그런 상황에서 아이러니하게도 코로나19가 우리 기업과 정부에게 MZ세대가 원하는 복지제도와 업무 형태, 즉 기업과 정부, 공공기관 문화에 대한 실마리를 슬쩍 제공했다.

재택근무가 인재를 모은다

"재택근무는 업무 효율이 낮아서 코로나19 이후에는 출근시켜야 합니다!"

나는 Y기업이 3일 동안 진행하는 마지막 날 전략 워크숍에서 내부 구성원들과 조직문화를 진단하고 있었다. 일 잘하고 업무 효율이 높은 A본부장은 재택근무가 소통이 어려워 업무 비효율이 크기에 코로나19가 잠잠해지면 없애야 한다고 주장했다. 재미있는 것은 실제로 재택근무를 수행하는 MZ세대는 잔디Jandi나 줌Zoom 혹은 메타버스를 활용한 게더타운과 같은 디지털 업무 협업 툴

재택근무 시 업무 생산성 평가

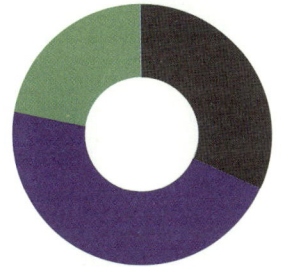

32% ● 재택근무 시 나의 업무 생산성이 향상되었다.
46% ● 오피스 근무와 나의 업무 생산성은 동일하다.
22% ● 재택근무 시 나의 업무 생산성이 저하되었다.

직장인 중 78%가 재택근무의 업무 효율이 사무실 근무와 동일하거나 높다고 인식했다. (출처: 잔디, 「재택근무 리포트 2020」)

이나 비대면 회의 도구가 있다면 전혀 소통에 문제가 없으며 심지어 불필요한 회의가 없어 업무 효율이 높아진다고 평가한다. 2020년 잔디가 1,600명의 직장인을 대상으로 재택근무의 업무 생산성에 대한 조사를 한 결과 22%만이 재택근무의 생산성이 낮았다고 평가했고 78%가 재택근무의 효율이 좋거나 동일하다고 평가했다.

문제는 기업의 관리자 또는 팀장이 재택근무의 효율성에 의문을 가질 때 MZ세대는 전혀 다른 관점으로 재택근무의 필요성을 주장한다. 엠브레인 트렌드 모니터가

2020년 전국 만 19세~59세 직장인 남녀 1,000명을 대상으로 '재택근무'와 관련한 인식 조사를 한 결과 재택근무 경험자의 62.4%가 재택근무의 시행으로 삶의 질이 나아진 듯한 느낌이라고 응답했다. 아울러 연령이 낮을수록 재택근무가 삶의 질 향상에 도움(20대 78.6%, 30대 75.5%, 40대 52.3%, 50대 40.9%)이 된다는 생각을 훨씬 많이 하고 있었다.

- 직장인 62.4%가 재택근무를 통해 워라밸이 나아졌다고 생각한다

Y기업처럼 재택근무를 두고 여전히 효율적이냐 비효율적이냐 하는 소모적 논쟁에 머무르는 곳도 있다. 하지만 MZ세대의 근무 환경에 대해 먼저 고민한 기업과 선도적인 기업은 재택근무를 직원 복지의 강력한 수단으로 정착시켜 직원들이 원하는 이상적인 직장으로 변모시키고 있다. 이제 인재 채용 현장에서 MZ세대의 재택근무에 대한

재택근무 이후 라이프스타일 변화

(조사대상: 재택근무 경험자 218명, 단위: %)

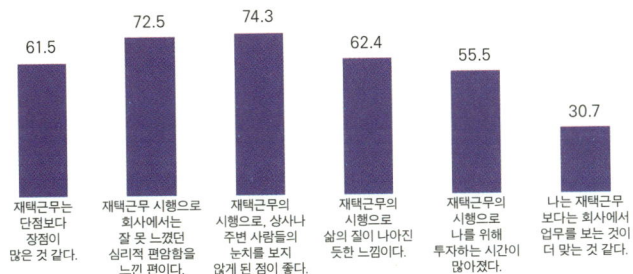

(출처: 엠브레인, 『2022 트렌드 모니터』)

생각은 단순한 선호가 아니라 절실한 선택의 문제다.

"재택근무는 잘 지켜지고 있나요?"

얼마 전 채용 인터뷰 중 받은 면접자의 첫 번째 질문은 우리 회사의 재택근무 현황이었다. 그녀는 답변을 호기심 어린 표정으로 기다리다가 "네"라는 답변에 반가움을 표시하였다. 요즘 구직자들의 단골 면접 질문이 재택근무인 것은 구직자가 직장을 결정하는 중요한 기준이 되었기 때문이다. 2021년 헤드헌팅 기업 커리어앤스카우트가 3년 이상 경력자 317명을 조사한 바에 따르면 구직자의 70%가 재택근무가 가능해야 이직하겠다고 답했다.

- 구직자 중 70%는 재택근무가 가능한 기업이어야 이직한다

직장인의 요구에 따라 재택근무가 산업 전체로 확산되고 있다. 재택근무 초창기에는 원격근무가 용이한 소프트웨어, IT, 마케팅 또는 이와 연관된 기업에서 시행되었으나 이제는 현장 근무 중심인 제조업에서도 시행하고 있다. 자동차 부품 기업인 현대모비스는 제조업임에도 불구하고 재택근무를 각 사업장에 확장하고 있다.

MZ세대는 재택근무를
효율적이라 인식한다

MZ세대에게 재택근무지는 단순히 워라밸의 구현을 넘어 기업 내에서 자기 통제권을 실제적으로 행사할 수 있는 유일한 물리적 공간이자 심리적 공간이다. 사무실에서 상사의 통제 아래 업무를 진행했다면 재택근무를 통해 MZ세대는 분리된 자신만의 공간에서 자신의 시간 계획에 따른 통제권을 행사한다. MZ세대는 분리된 환경을 제공받지 못하면 심리적 편안함을 느끼지 못하고 스트레스를 받는다. 분리되지 않은 사무실에서 정서적 유대감을 쌓자고 다가오는 X세대와의 소통은 힘들다.

재택근무의 업무 효율이 높은 이유

1위: 출퇴근하며 오가는 시간과 지출이 줄어서

2위: 방해 없이 일에만 집중할 수 있어서

3위: 불필요한 회의나 외부 미팅이 줄어서

4위: 갑자기 주어지는 업무지시가 줄어서

(출처: 현대모비스 홈페이지, 현대모비스 직원 1,087명 응답 기준)

"재택근무를 통한 비대면 회의가 훨씬 효율적이에요. 감정 섞지 않고 이성적인 대화를 통해 필요한 말만 하니 회의 시간이 줄어들어요."

원격근무 FGI Focus Group Interview[5] 참가자가 한 말이다. X세대에게 비대면 회의는 불충분하고 답답하지만 MZ세대에게는 합리적인 소통을 넘어 감정을 섞지 않아 심리적 편안함을 주는 이상적 회의다. 현대모비스가 재택근무 시행 후 자사 직원 1,087명을 대상으로 조사한 결과에 의하면, 직원들이 재택근무의 업무 효율이 높다고 대답한 이유 넷 중 세 가지가 공간의 분리에 따라 상사의 간섭을 받지 않아 효율적이라고 판단한다. 2~4위의 내용을 해석해보면 공간이 분리되니 불필요한 회의와 미팅이 줄고, 계획에 없는 갑자기 주어지는 업무 지시가 적어지고, 궁극적으로 방해 없이 일할 수 있다는 말이다.

그들이 원하는 공간의 분리는 물리적 공간을 넘어 디지털 공간에서도 적용된다. 나는 상사의 SNS는 팔로우해도 팀원의 SNS는 가능하면 팔로우하지 않는다. 그들은 디지털 공간에서도 섞이기 싫어하기 때문이다. 분리가 중요한 MZ세대에게 최근 페이스북의 인기가 없는 것은 부모나 직장 상사가 들어오기 때문이다. Z세대는 부모가 접근하기 어려운 로블록스Roblox와 같은 메타버스 플랫폼이나 위치 기반 앱인 젠리Zenly로 가고 있다. 많은 기업이 이런 현상을 반영하고자 카톡 대신 업무용 협업 툴을 사용한다. MZ세대에게 카톡은 개인의 공간이며 잔디와 같은 협업 툴이 일하는 공간이다.

그들은 외동으로 자라 자기 방에서 무언가를 성취하는 것이 익숙하다. 그들에게 성과를 내기 위한 분리된 환경은 당연하다. 나아가 역사상 최초로 학교에 가지 않고 원격으로 자기 방에서 학교 수업은 물론이고 학교생활을 시작한 2010년생 세대가 기업에 입사할 10년 뒤에는 이런 현상이 더 심화될 것으로 여겨진다.

그들이 원하는 근무 방식은 스스로 통제된 환경에서 낭비 없이 효율적으로 일하는 것이다. 그들은 '실패는 성공의 어머니'가 아니라 '실패는 야근의 어머니' 또는 '일타강사는 성공의 어머니'라고 생각한다. 따라서 MZ세대에게 계획에 의해서 군더더기 없이 효율적으로 일하며 시간을 절약하기 좋은 원격근무는 최상의 업무 형태다. 또한 분리된 공간에서 간섭받지 않고 자신만의 방법으로 집중하면서 일할 수 있고, 필요한 경우 간소하게 비대면으로 소통하거나 협력하며, 일을 마친 후 노트북만 덮으면 곧바로 쉴 수 있는 재택근무는 자기 통제력을 발휘할 수 있는 최고의 복지제도다.

"재택근무의 최대 장점은 출퇴근 시간이 없다는 것이에요. 그 시간을 활용해서 운동을 시작했어요."

원격근무 FGI 참가자의 말이다. 재택근무를 통해 효

율적으로 시간관리를 하고 절약한 출퇴근 시간을 운동과 취미로 알차게 보낸다. 분리된 공간에서 간섭받지 않고 스스로의 시간 계획하에 집중력 있게 일하고 칼퇴한 뒤 저녁 시간에는 자기 성장과 건강을 위해서 시간을 보낸다. 이것이 MZ세대 직장인의 워라밸 라이프다. 따라서 워라밸 사회에 대한 시대적 변화와 차별화된 복지에 대한 직장인의 요구를 기업이 이해할 때 새로운 업무 형태인 재택근무는 단순한 복지를 넘어 인재 확보의 중요한 전략이 될 것이다.

워케이션은 재택근무 이후 넥스트 업무 형태다

코로나19로 우리의 일상이 비대면으로 바뀌었다. 만약 코로나19가 사라지면 비대면 일상도 사라질까? 다소간 변화는 있겠지만 사라지지는 않을 것 같다. 중학교 2학년인 내 아들은 자기 방에서 구글 미트Google Meet를 통해 학교 선생님의 원격 수업을 듣는데 수업이 끝난 뒤에도 구글 미트를 끄지 않는다. 아들은 거의 자기 전까지 켜놓는다. 친구들과 숙제도 하고 놀기 위해서다. 코로나19가 끝나면 밖에서 노는 시간이 늘어나기는 하겠지만 초중등학생들이 구글 미트로 숙제하거나 노는 습관이 사라지리라

코로나19로 우리의 일상이 비대면으로 바뀌었다.

고 상상하기는 어렵다. 마찬가지로 손가락 하나로 배달 음식을 주문하고 쇼핑하는 것은 우리 일상의 한 부분이 되었다. 코로나19가 사라지더라도 산타 할아버지가 주고 간 선물 같은 비대면 라이프스타일은 되돌아갈 수 없는 뉴노멀이 되었다.

재택근무는 말할 것도 없다. 2020년 코로나19 초창기에는 간단한 비대면 회의조차 진행할 수 있을까라는 의

구심을 가졌다. 하지만 이제 회의는 물론이고 교육, 포럼 나아가 대규모 콘퍼런스, 전시회, 축제, 공연까지 비대면으로 열리고 있다. 원격근무의 효율성과 간소함에 맛들인 기업과 비즈니스맨들이 비대면 업무를 버릴 리는 없을 것 같다. 엠브레인 트렌드 모니터 조사도 이를 뒷받침한다. 직장인의 90.6%는 재택근무가 필요하다고 인식한다. 이제 막 재택근무가 자리를 잡았다. 그런데 이에 만족하지 못하고 창의적 업무 환경이 중요한 스타트업과 대기업이 재택근무를 넘어서 진화된 원격근무 형태인 워케이션을 빠르게 도입하는 이유는 뭘까?

마크로밀 엠브레인에서 집필한 『2022 트렌드 모니터』는 이러한 질문에 답을 준다. 1만 명의 한국인에게 2021년 가장 자주 경험하는 감정이 무엇이냐고 물어본 결과는 '답답하다'였다. 답답함은 2020년에 이어 2년 동안 지속되고 있다. 모든 국민이 코로나19로 인한 답답함을 간절히 벗어나고 싶은 것이다. 답답함은 코로나 블루(코로나19로 인한 우울증)라는 신조어를 낳을 정도로 우리나라뿐

코로나19로 인한 답답함이 코로나 블루를 가져왔다.

만 아니라 글로벌하게 벌어지는 전 지구적 심리 위기 현상이다.

경제협력개발기구가 2021년 발표한 '코로나19 위기가 정신 건강에 미치는 영향'이라는 보고서를 보면, 코로나19 사태가 시작된 2020년 초반 이후에 세계 각국에서 불안증과 우울증 유병률이 1년 전보다 두 배가량 높아진 것으로 나타났다.[6] 지난 10년간 전 세계적으로 큰 변화를 보이지 않던 정신 질환 유병률이 코로나19를 기점으로 예상보다 높아진 것이다. 경제적 불안이나 실업 등 정신건강의 위험 요소는 늘어난 반면에 사회적 교류나 고용, 교육, 운동의 기회 등 일상이 사라진 탓이다. 특히 우리나라는 불안 증세를 보이거나 불안증에 걸린 비율이 29.5%였고 우울 증세를 보이거나 우울증에 걸린 비율은 36.8%로 조사 대상국 가운데 가장 높았다.

위기에 선제 대응할 줄 아는 기민한 기업들은 코로나19로 인해 답답함을 느끼는 자사 직원의 스트레스를 관리하기 위해 새로운 업무 형태의 필요성을 포착했다. 재택근무가 코로나19 시대에 만족도 높은 업무 형태이지만 이것으로는 불충분하다고 판단한 것이다. 워케이션은 실내에서 근무해야 하는 재택근무의 한계를 넘어 코로나19로 인해 움직이기 어려워 답답함을 느끼는 직장인에게 정확한 맞춤 솔루션이 되었다. 답답한 직장인에게 탁 트인 안전한 자연이 주는 힐링과 여유를 느끼는 데는 여행만큼 좋은 대안이 없기 때문이다.

나아가 워케이션을 도입한 기업의 인사담당자는 앞서

언급한 것처럼 자사 직원에게는 자부심을, 타사 직원에게는 박탈감을 주어 기업 안의 인재를 효과적으로 관리할 뿐만 아니라 외부 인재를 데려오는 전략으로 활용하고 있다.

이쯤 되면 워케이션은 고사하고 재택근무조차 정착되지 않은 기업의 CEO는 뜨끔할 것이다. 일부 4050세대 관리자가 느끼는 불편함에도 불구하고 이미 재택근무는 필수가 되었다. 기업에 재택근무의 정착 후 다가올 넥스트 업무 형태는 워케이션이 될 것이다. 인재를 확보할 필요가 없거나 직원 복지에 무심한 기업이라면 모를까 이제 재택근무는 필수이고 워케이션은 피할 수 없는 선택이다.

기업이 아니라 직원이 사무실을 선택하는 시대다

 전 세계에서 가장 창의적인 인재가 모이는 곳 중 하나는 아마도 미국 서부에 위치한 실리콘밸리일 것이다. 실리콘밸리의 기업들은 어떻게 창의적인 인재를 모을 수 있었을까? 실리콘밸리를 이끈 기업들의 많은 인재가 과거에 히피 생활을 했다는 건 이미 공공연한 비밀이다. 지금은 익숙하지만 모든 것을 덜어내고 둥근 모서리에 흰색 컬러로 대변되는 아이폰의 디자인은 히피 문화에 심취한 스티브 잡스가 선불교에서 받은 영향이 크다. 아이폰과 같은 위대한 IT 작품은 잡스의 천재성을 받아들일 기업 문화가 있었기 때문에 꽃피울 수 있었다. 잡스는 청년 시절 히피 생활을 한다고 목욕을 하지 않아서 몸에서 지독한 냄새가 났다. 그로 인해 동료 직원들의 원성을 받아 쫓겨날 위기에 있었다. 당시 게임기로 유명한 아타리의 경영진은 목욕을 거부하는 잡스를 내쫓기보다는 동료 직원들이 출근하지 않는 밤에 근무할 수 있게끔 배려했다.

인재를 소중히 여기고 존중하는 문화는 아타리, 애플, 그리고 이들보다 나중에 창업한 구글에도 내려오고 있다. 구글의 초창기 젊은 두 창업자를 돕기 위해 부임한 에릭 슈미트Eric Emerson Schmid는 부임 첫날 자신의 넓은 책상에 이미 한 명의 직원이 앉아 있는 것을 발견하였다. 대부분의 직원이 고정 자리가 없이 자유롭게 일하니 당연한 현상이었다. 전통적인 기업 문화에 익숙한 그에게는 충격이었을 것이다. 하지만 스타트업이었던 구글을 세계적인 기업으로 끌어올린 그답게 슈미트는 젊은 동료와 함께 유쾌한 하루를 보냈다고 한다.

히피와 같은 자유로운 인재를 배려하는 문화는 사무실

공간 구성에도 영향을 미쳤다. 애플, 아마존, 구글의 공통점 중 하나는 모두 차고에서 시작했다는 것이다. 이후 IT 산업 초창기에 성공한 마이크로소프트와 휴렛패커드 같은 기업은 직원의 집중력을 위해 개인 방을 제공했으나 이제는 모든 벽을 허물고 소통을 강조한다. 나아가 구글은 창의적인 인재의 영감을 불어넣기 위해 사무실을 테마파크나 놀이터처럼 꾸며놓는다. 이런 사무실 공간의 변화는 전 세계 기업에게 영향을 미쳤다. 국내에 창의력이 필요한 많은 기업도 놀이터와 같은 공간을 구성하곤 한다.

결국 창의적 인재를 모으는 실리콘밸리는 자유로운 의사를 존중하고 사무실 공간의 변화에 관심을 갖는다는 것이다. 차고에서 벽이 있는 개인 룸으로 만들었다가 다시 벽을 허물고 놀이터 같은 공간으로 만들었다. 그들의 사무실 공간 전략은 인재들이 자유롭게 소통하고 창의적 아이디어를 발산할 수 있도록 하는 것이다. 이런 실리콘밸리에 코로나19 이후로 새로운 변화의 바람이 분다.

| 미래에는 직원 2%만 출근할 것이다[7]

줌의 CEO 에릭 위안Eric S. Yuan은 2022년 1월 '근무 전환 서밋work transformation summit'에서 "오늘날 근무는 더 이상 장소를 뜻하지 않는다"면서 "협업하는 공간으로서 근무가 새롭게 정의될 것"이라고 말한다. 줌의 기대가 다소 포함된 수치라고 평가되지만 2%라는 숫자는 충격적이다. 줌은 이런 현상의 증거로 현재 글로벌 기업에 근무하는 직원들의 39%가 일하는 장소를 선택하지 못하게 하면 그만두겠다고 했음을 밝혔다.

MZ세대는 그 비중이 49%까지 올라간다고 주장한다. 그리고 4,900명의 미국인에게 조사한 결과 3분의 2 이상이 스스로 일할 곳을 선택하기를 원했다. 에릭 위안의 설명을 해석하자면 이제 우리는 '기업이 아니라 직원이 근무지를 선택하는 시대'에 살고 있다. 이렇게 실리콘밸리는 사무실 선택의 자유를 점점 인재에게 넘겨주고 있다.

우리나라에는 기업에게 창의적인 생명력을 불어넣어 준 히피 문화가 없지만 나는 MZ세대만의 K-자유 문화가 있다고 생각한다. 그리고 이것이 우리 기업의 창의성을 바꾸어놓으리라 생각한다. 현재 우리나라를 이끄는 586으로 대변되는 1960년생은 역사상 처음으로 민주화를 이루었다. 하지만 그들이 현실에서 자유로운 민주화 사회를 경험한 것은 나이가 꽤 들고서다. 그들에게 자유란 성취한 열매이자 학습된 결과이지 내재화된 것이 아니다.

우리나라 역사상 처음으로 자유로움을 추구한 X세대로 대변되는 1970년생도 자유란 대학생 때 겨우 경험한 것이다. 이들 또한 가치관이 형성되는 중고등학생 때는 여전히 주입식 교육을 받았다. 1980년대생인 M세대는 비교적 억압이 덜한 자유로운 중고등학생 시절을 보내어 기대가 크다. 1990년대생인 Z세대는 우리나라 역사상 처음으로 자유로운 문화 가운데 자라난 세대다. 민주화된 자유를 경험한 X세대의 자녀인 Z세대는 가정에서부터 자유를 경험한 첫 세대다. 이런 역사적 사실을 이해한다면 1960~1970년대 태어난 기성세대와는 달리 자유로움이 몸에밴 MZ세대가 일으킨 기업 내 소동(?)은 문제가 아니라 실리콘밸리의 창의성을 불어넣은 히피 문화로 이해해야 한다.

나는 MZ세대에게 실리콘밸리의 생명력을 불어넣어 준 히피 문화처럼 그들만의 K-자유 문화가 있음을 현장에서 자주 경험한다. 그리고 그들의 창의성을 최대로 끌어내기 위해 우리의 사무실은 어떻게 변해야 할까? 지금 실리콘밸리는 놀이터 같은 사무실을 넘어 인재가 스스로 선택한 공간을 최고의 사무 공간으로 간주한다. 우리의 MZ세대가 원하는 그들의 창의력이 발산되는 공간은 어디일까? 그 공간이 어디인지는 여전히 의견이 다르지만 확실한 것은 경직된 사무실에서 놀이터 같은 사무실로, 심리적 편안함을 주는 집으로, 영감을 주는 자연으로 점점 변화한다는 것이다. 당신의 기업이 창의성을 원한다면 당신이 아니라 그들에게 공간을 정하도록 해야 하는 시간이 이미 왔거나 점점 다가오고 있다.

[사례연구]
글로벌 워케이션의 유형

워케이션의 역사

유럽과 북미에서는 오래전부터 개인 휴가자나 디지털 노마드digital nomad를 중심으로 워케이션이 일상적 업무 형태로 자리 잡아왔다. 일본에서는 2010년대 중반 이후로 정부, 지자체, 기업의 협력으로 활성화되고 있다. 워케이션은 크게 유럽·북미형과 일본형이 있다. 그중 우리가 주목할 것은 일본형 워케이션이다. 국내 직장인이 처한 환경이 상대적으로 일본과 유사하기 때문이다.

유럽과 북미에서 워케이션이 먼저 활성화된 이유는 긴 휴가와 유연근무제의 정착 때문이다. 시간적 여유와 유연함을 통해 유럽과 북미 사람들은 자국은 물론이고 해외에서 오랜 기간 휴가를 보낼 수 있었다. 필요하면 여행지에서 노트북과 인터넷을 통해 일을 해결할 수 있어 사무실에 복귀할 필요 없이 더욱 긴 시간 동안 휴가를 즐기거나 여행지에서의 업무가 가능한 것이다. 이런 배경으로 유럽·북미형 워케이션은 개인이 더 길고 연속적인 휴가를 즐기기 위하여 생겼기에 비용도 주로 개인이 부담한다.

한편 창의적으로 일하는 환경이 중요한 디지털 노마드들은 아예 사무실을 세계 각지의 여행지로 옮겨 일하면서 워케이션이 주목받기 시작했다. 즉 유럽·북미형 워케이션은 기업보다는 개인 또는 디지털 노마드와 같은 프리랜서의 주도로 성장했다.

그에 반해 일본형은 정부-지자체-기업-직장인 모두의 이해관계를 해결하기 위한 방편으로 성장했다. 유럽과 북미의 근로 환경과는 달리 일본은 휴가 일수가 적고 유연근무제의 도입도 늦었으며 보수적인 기업 문화이기에 그나마 부여된 휴가도 제대로 활용하지 못했다. 아울러 프리랜서와 같은 고용 형태도 유럽과 비교해보면 상대적으로 적다. 워라밸에 대한 사회적 요청은 우리나라

만이 아니라 일본에서도 욕구가 크다. 일본 정부는 워라밸에 대한 필요성을 느껴 휴가 제도를 장려하고 있지만 이는 기업의 동참 없이 불가능하다. 이때 일본의 나가노현이 솔로몬의 지혜와 같은 전략적인 제안을 했다.

워케이션은 기업에는 혁신을, 직장인에게는 동기부여를, 지자체에는 협력을 제공한다.

나가노현은 자연이 숨 쉬는 창의적인 위성 오피스(실제로 세일즈포스닷컴 등 다양한 IT 기업을 유치함)에서 기업은 혁신을 이루고, 일에 지친 직장인들은 여행지에서 일하면서 새로운 동기부여를 찾고, 지자체는 지역 활성화는 물론 다양한 지역 문제를 기업과 협력하여 해결하는 워케이션을 제안했다.

이런 매력적인 제안에 기업이 가만있을 리 없었다. 나가노현의 성공을 보고 더 많은 지자체가 뛰어들자 다양한 여건이 조성되어 더 많은 기업이 참여했다. 유럽과 북미가 개인 주도형으로 서서히 성장했다면 일본은 기업과 지자체가 주도하여 전략적으로 성장하게 되었다. 일본의 야노경제연구소는 2025년 일본의 워케이션 경제 규모가 2021년 대비 5배 성장할 것으로 예상하면서 현재의 성장세에 기름을 부었다.

유럽·북미형 워케이션 사례

한 달 내외의 장기 휴가와 유연근무제로 여유로운 환경을 가진 직장인들 그리고 스스로 업무를 조절할 수 있는 디지털 노마드들은 여행지에서 일하거나 일하기 위해 휴가를 간다. 일과 휴가가 융합된 형태의 워케이션은 일정이 비교적 자유롭다. 이런 욕구에 맞추기 위해 유럽·북미형 워케이션은 자유로운 업무 환경을 반영한 업무와 관광이 융합된 다양한 워케이션 프로그램이 특징이다. 아울러 개인 또는 디지털 노마드 같은 프리랜서가 주도하기 때문에 비용은 직장인 또는 1인 기업의 업주가 대부분 부담하

유럽·북미형 워케이션은 일과 휴가가 융합된 형태이기에 일정이 자유롭다.

는 것이 일반적이다.

셀리나

셀리나Selina는 부티크 호텔과 호스텔의 중간 형태인 리빙 스페이스와 수준 높은 코워킹 스페이스를 결합해 아르헨티나와 칠레 등 남미 여러 국가의 대도시부터 해변과 산악까지 워케이션 프로그램을 제공한다. 셀리나 직원들의 사회적 책임CSR 기반 활동인 셀리나 기브스 백Selina gives back 프로그램을 통해 해변 청소나 지역 사회 기여 활동을

일과 휴가를 즐길 수 있는 프로그램을 제공한다.

높은 업무 성과를 위해 수준 높은 코워킹 스페이스를 제공한다.

워케이션 참가자는 기업의 사회적 책임 프로그램을 통해 지역을 청소하고 지역에 사는 어린이들과 교류한다.

(출처: 셀리나 홈페이지)

하고, 투숙객 참여 시 로열티 토큰을 보상하여 참여를 유도한다. 이로써 참가자가 일하고 휴가를 즐기는 것을 넘어 기업의 사회적 책임을 통해 지역 사회와 교류하는 것이 특징이다.

해커 파라다이스

해커 파라다이스Hacker Paradise는 2014년 코스타리카에서 세계 최초의 원격근무 여행 공동체로 시작해 2022년 기준 태국, 인도네시아, 스페인 등 다양한 곳에서 워케이션 프로그램을 운영하고 있다. 참가자들이 세계를 여행하며 동시에 일할 수 있도록 하고 있다. 해당 프로그램은 개인 단위의 디지털 노마드와 프리랜서가 주로 참여해 자유롭게 일정 가운데 업무와 휴가를 즐길 수 있는 것이 특징이다.

일본형 워케이션 사례

유럽·북미형 워케이션은 개인 중심의 워케이션에 초점을 두어 개인의 필요에 따라 다양한 워케이션이 존재한다. 반면 기업이 주도하는 일본형 워케이션은 휴가 중 일하는 것이 아니라 업무 후 휴가를 즐기는 것을 명확히 한다. 유럽·북미형이 개인 단위 참가자가 많다면 일본형은 기업 중심이기에 개인은 물론 팀 단위 참가자가 많다. 실제로 이들은 워케이션 여행지에서 원격으로 충실히 업무를 수행한다. 따라서 일본형 워케이션은 관광 인프라도 중요하지만 업무 수행을 위한 업무 인프라를 기본적으로 잘 갖추는 것이 중요하다. 기업 주도이기에 비용 또한 기업이 전부 또는 상당 부분 지원하는 방식으로 진행되는 것이 다르다.

와카야마 시라하마 워케이션 프로그램은 유명 관광지인 시라하마초가 기업과 협력해 직장인들에게 제공하는 관광 워케이션 프로그램이다. 프로그램에 참가한 직원들은 지역 내 코워킹 스페이스, 무선 인터넷망, 위성 오피스 등 우수한 업무 인프라를 어디서든 쉽게 누릴 수 있어 효율적인 업무 진행이 가능하다.

와카야마 워케이션 프로젝트

(이미지 출처: WWP 홈페이지)

주요 특징

- 워케이션 선도자: '워케이션은 와카야마에서'라는 메시지를 통해 일본에서 처음 워케이션 활성화에 성공하였다.
- 관광 자원: 세계 유산 중 하나인 고마노고도나 고야산 등 산과 바다의 자연환경을 잘 갖추고 있다.
- 기업 유치: 2004년부터 기업 유치를 추진하였으며 2015년 미국 IT 기업인 세일즈포스의 위성 오피스가 설립됨으로써 본격화됐다.

- 워케이션 센터 개발:
  ① 2018년 6월 히라소겐공원 내 관리사무소를 개보수하여 1층에 휴식소 겸 업무 공간을 2층에는 제2의 IT 비즈니스 오피스를 신설했다.
  ② 부동산 기업인 미쓰비시지쇼가 와카야마에 '워크×에이션WORK×ation'이라는 공유 오피스를 설립하여 NTT커뮤니케이션즈, 미쓰비시UFJ은행이 입주했다.

나가노현 워케이션

2018년 2월부터 리조트 텔레워크 프로그램으로 리조트 중심으로 워케이션을 시작했다.
- 관광자원: 나가노현 특유의 풍부한 자연환경과 리조트 시설이 잘 갖추어져 있다.
- ESG 등 지역 문제 해결 프로그램: 사이보우즈사 지역 전략 전문가 제도는 우수한 인재를 현지에 일정 기간 머무르게 하면서 지역 문제를 해결했다.

- 워케이션 센터: 시나노마치에 최첨단 노마드워크센터를 설립했다. 업무 공간은 물론 3D 프린터 등 최신 설비를 구비하여 신상품 개발팀이 머무르면서 창의적 아이디어를 실제로 구현할 수 있도록 하여 체류 기간을 몇 주에서 몇 달까지 늘리는 효과가 있다.

2장

워케이션을 하면 무엇이 좋은가

위케이션은 좋은 기업문화 창출을 통해 인재를 모으고 지역과의 상생을 통한 ESG를 달성하여 궁극적으로는 기업 경쟁력 강화를 실현한다.

직장인의 워라밸 라이프가 가능해진다

"좋은 뷰에 노트북만 있으면 어디에서든 일할 수 있어요! 큰 것 기대하지 않아요. 단순히 자연 경관만 좋아도 힐링이 될 것 같아요."
-30대 초반 여성. 워케이션 경험자

워케이션 경험자와 희망자를 대상으로 한 FGI를 진행하면서 두 가지 사실에 놀랐다. 첫째는 국내 많은 직장인이 워케이션을 강력히 희망하고 있다는 점이다. 둘째는 그렇게 강력히 원한 워케이션에서 기대하는 것은 의외로

야놀자의 워케이션

야놀자의 직원이 워케이션 중 커피를 마시면서 창 밖의 멋진 전경을 바라보고 있다. 많은 워케이션 워커들은 노트북, 책상, 와이파이, 커피, 그리고 경치만 좋으면 어디에서든 일할 수 있다고 말한다. (출처: 야놀자 블로그)

단순했다는 점이다. 예를 들어 워케이션 참여자들은 강원도나 제주도까지 멀리 가서 일반 관광객처럼 다양한 관광 경험을 원하는 것이 아니었다. 그들이 원하는 것은 의외로 단순하다. 일하다가 커피 한잔을 마시며 바다나 멋진 산을 바라보는 여유, 즉 힐링을 원하는 것이다. 강원도에서 한 달 동안 워케이션을 즐긴 디지털 노마드는 가본 곳이 그리 많지 않았다고 이야기한다.

"한국의 와이파이 인프라가 뛰어나 사실상 노트북과 책상만 있으면 워케이션이 가능해요. 거기에 모니터만 있으면 업무 공간으로서는 최상이죠. 그리고 무엇보다 중요한 것은 바다나 산 같은 멋진 뷰가 주는 힐링이죠."

워케이션은 원격근무가 선사하는 공간의 분리로 인해, 간섭받지 않고 스스로를 통제하며 집중해서 업무를 효과적으로 진행할 수 있다. 또한 답답한 도시에서 벗어나 자연이 주는 힐링을 누린다. 직장인의 워라밸 라이프가 구현되는 최상의 공간이다.

가족과의 여가 활동이 절실한 가정

"평소대로 일하면서도 아이들과 여행의 추억을 만들었다는 것이 신기했습니다."
-일본 와카야마현 워케이션 참여자

"아이들과 함께 세끼 식사를 하며 하루를 보냈다는 사실이 좋았어요."
-한국 재택근무 경험자

MZ세대의 일과 삶의 균형이 자신만의 취미, 자기 계발, 힐링이라면, 자녀가 있는 가족 직장인이 원하는 것은 자녀와 함께하는 시간이며 이를 통해 자녀와 함께 일상을 즐기거나 추억을 만들기 원한다. 현대모비스의 재택근무 현황 조사에서 1, 2위를 종합해보면 재택근무를 통해 가족과 시간을 보내거나 집안일을 할 수 있어 좋았다는 것이다. 조사 대상 중 82%의 가족에게 재택근무가 가족의 삶에 매우 긍정적 영향을 미친 것을 알 수 있다.

재택근무가 가족에게 미치는 영향

나의 재택근무에 대한 가족들의 생각은?

1위: 42%, 가족과 보내는 시간이 늘어난 만큼 좋아한다.
2위: 40%, 간단한 집안일을 부탁할 수 있어서 좋아한다.
3위: 13%, 식사 준비를 귀찮아한다.
4위: 05%, 집에서 일하면서 놀아주지 않아 아이들이 실망한다.

(출처: 현대모비스 홈페이지, 현대모비스 직원 1,087명 응답 기준)

재택근무를 통해 자녀와 더 많은 시간을 보내게 되어 관계가 한층 좋아진 것은 우리나라에서만 벌어지는 현상이 아니다. 일본 와카야마현의 가족형 워케이션 프로그램에 참여한 직장인들도 가족과 소중한 추억을 만들 수 있다는 것이 재택근무와 워케이션의 좋은 장점이라고 말한다. 주중 워케이션을 통해 아빠가 숙소 근처 공유 오피스에서 일하고 아이들은 엄마와 키즈 카페나 미술 문화 체험으로 시간을 보내다가 저녁에는 글램핑장에서 바비큐를 해 먹고 주말에는 여유롭게 여행을 즐기면서 추억을 만드는 것이 가족형 워케이션의 특징이다.

가족에게 여가가 중요하고 여행이 훌륭한 대안이 될

가족 여가시간이 충분하지 않은 세 가지 이유

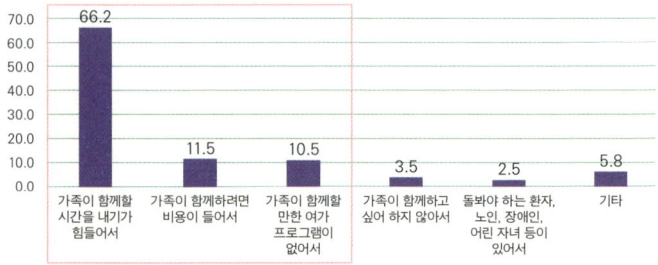

(출처: 2020년 통계청 가족실태조사)

수 있음에도 불구하고 우리 사회에서 가족이 여가를 즐길 수 없는 이유가 뭘까? 통계청은 그 이유를 시간 부족, 비용 부담, 프로그램 미흡 세 가지로 요약하여 말한다.

워케이션은 이러한 세 가지 장애 요인을 한꺼번에 해결하는 좋은 대안이다. 업무 시간에 기업이 일부 또는 전체 비용을 지원하여 준비된 여가 프로그램에 가족이 참여만 하면 되는 워케이션은 여가를 간절히 원하는 가족 직장인에게 필요한 맞춤형 대안이 된다. 특히 66.2%의 국민이 시간 부족을 이유로 여가를 즐기지 못한다고 생각하기에 여가 시간 확보가 유리한 워케이션은 가족에게 선물 같은 해결책이다.

  워케이션이 직장인을 넘어 가족이 있는 국민의 삶을 증진한다는 사실을 이해한다면 기업 내 문제를 해결하는 단순한 복지제도를 넘어 기업 밖의 사회 문제를 해결하는 효과가 있다. 예를 들어 직장인에게 인기 있는 사내대출 복지제도는 기업 내 직장인만을 위하는 것에 그친다. 하지만 워케이션은 기업 밖 사회 문제까지 해결하는 공공성이 강한 제도다.

직장 동료와의 유대감이 높아진다

"회사에서 같은 연차의 동기들과 가는 식의 네트워킹 지원을 해준다면 긍정적으로 볼 것 같습니다. 업무 성과보다는 동료와의 유대감과 협업 증진에 좋을 것 같아요. (중략) 자발적으로 진행된다면, 같은 직무에 있는 사람들 간의 교류가 기대돼요."
-워케이션 참가 희망자

직장인들이 워케이션에 참여하려는 주된 동기 중 하나는 팀 간 유대감이다. 유대감은 4050세대는 물론 MZ세대도 원한다는 것이 흥미롭다. MZ세대는 개인과 업무는 분리하기 원하지만 그렇다고 소외당할 정도의 분리를 원하는 것은 아니다. 변화하는 직장인의 요구에 따라 저녁 회식은 점심 회식으로 대체되고, 근무 시간 외의 소통은 줄어들고, 업무 수행 방식은 지시형에서 동기부여형으로 바뀌는 긍정적 면이 있지만 아무래도 접촉이 적다 보니 정서적 유대감이 줄어드는 것이 사실이다.

MZ세대 또한 통제나 간섭은 받기 싫어하지만 업무 추진을 위해서 어느 정도 정서적 소통이 중요하다는 것에 공감하고 있다는 증거다. 특히 원격근무가 장기간 지속될 때 직장인들은 소외감과 외로움을 가장 많이 호소한다.

"워케이션 후기를 들어 보니 생각보다 만족도가 높았어요. (중략) 개인적으로는 일에 좀 더 집중할 수 있고, 같은 프로젝트를 하는 팀원들끼리 모일 때는 사무실에서 경험할 수 없는 팀워크도 좋았습니다."
-워케이션 업무를 맡은 E기업 인사담당자

워케이션 업무를 맡은 인사담당자와 원격근무 경험자의 FGI를 통해서 워케이션이 유대감 형성에 긍정적 효과가 있음을 알 수 있다. 단, 과거와 같이 일과가 끝나고 저녁 식사 후에도 이어지는 유대관계를 말하는 것은 아니다. 워케이션에서도 근무 원칙은 지켜져야 하며 6시 퇴근 후 팀원끼리 식사하는 것 정도만 허용하는 것이 바람직하다. 워케이션 경험자가 알려주는 요즘 네트워킹은 자연스럽고 무겁지 않은 것을 추구한다.

> "워케이션 업무를 마치고 저녁 식사 후 호텔 로비에서 동료들과 우연히 맥주를 마시면서 이야기하는 시간이 좋았어요."
> -워케이션 경험자 FGI

'계획된' 네트워킹이 아니라 호텔 로비에서 '우연히' 만나 여행지라는 편안한 장소에서 '자연스럽게' 이야기를 나누며 새로운 아이디어를 교환하면서도 관계를 쌓는 네트워킹이 MZ세대가 추구하는 자연스럽고 무겁지 않은 유대감 형성 방법이다.

창의적이고 긍정적인
성과를 낸다

"목표는 더 상향해도 좋을 것 같아요. 대신 프로젝트에 대한 과도한 책임감이나 부담감을 낮출 방법을 찾아주세요!"

"신규 영역 개척을 위해 메타버스와 같은 낯선 프로젝트를 하는 것도 괜찮을 것 같아요. 해보죠!"

나와 팀원들은 워케이션 1~3일 차 개인 업무를 마치고 4일째 되는 날에는 제주 바다 앞 야외 카페에서 내년도 신규사업에 대해서 논의했다. 서울 사무실에서와는 달리 팀원들의 에너지는 제주 바다의 시원한 파도처럼 역동적이고 새롭게 낯선 영역을 해보자는 나의 의견에도 긍정적으로 화답했다. 모든 팀장이 원하는 회의 문화는 적극적이면서도 자유롭고 에너지가 넘치는 분위기일 것이다.

워케이션 업무의 장점은 긍정적 에너지와 창의적 발상이 가능하다는 것이다. 제주 바다와 맑은 하늘을 보면서 일하는데 누가 우울해질 수 있을까? 팀원들의 머릿속에 숨어 있던 창의적 아이디어가 사무실에서는 나오지 못하다가 워케이션 공간에서는 자연스럽게 나오는 이유가 뭘까?

인간의 뇌는 에너지를 적게 소모하고 쉽게 피로해지지 않는 방향으로 효율적으로 진화했다. 뇌가 효율적으로 운영된다는 말은 모든 데이터를 적당히 처리한다기보다는 선택적으로 처리한다는 것을 의미한다. 뇌가 선택적으로 데이터를 처리할 때 에너지를 덜 소모할 수 있다는 말이다. 익숙하거나 매일 반복되는 일, 예를 들어 양치질이나 지하철 타기는 물론 반복되는 사무실의 업무는 그야말로 창의적인 뇌의 활동이 아니라 기계적인 뇌의 활동에 그친다. 뇌가 에너지를 적게 소모하면서 효율으

창의적인 뇌를 활용하기 위해서는 익숙한 사무실에서 벗어날 필요가 있다.

로 운영된다. 쉽게 이야기하면 뇌가 무의식적으로 작동하는 것이다. 뇌가 선택적으로 작동하는 이유는 정말 필요할 때 효과적으로 작동하기 위해서다. 그러다 보니 익숙한 사무실에서 높은 성과를 얻기 어렵다.

창의적 뇌를 활용하기 위해 직장인들은 의도적으로 낯선 환경을 만들기도 한다. 업무가 반복되는 사무실을 벗어나 잠깐 스타벅스에서 일하거나 여러 사람이 어려운 과제를 해결하기 위해 1박 2일로 낯선 장소로 떠나서 원

워케이션은 낯선 환경을 제공하여 창의적 뇌를 활동시키는 업무 방식에 좋다.

하는 성과를 내는 것은 좋은 선택이다. 기업은 창의적 발상이 가능한 낯선 환경을 지속적으로 만들기 위해 사내를 카페처럼 꾸며놓거나 아예 구글처럼 사무실을 놀이터처럼 꾸미기도 한다.

워케이션은 낯선 환경을 제공하여 창의적 뇌를 활동시키는 업무 방식에 좋다. 개인 단위 워케이션은 집중도를 높여 빠르게 업무를 처리하거나 고민하던 문제를 해결하는 데 적합하다. 팀 단위 워케이션은 긍정적이고 창의적인 아이디어 도출을 통해 사업 단위 문제를 해결하거나 중장기 사업이나 신상품 기획을 수행하는 일이 가능하다. 스타트업이나 게임, IT 등 산업을 선도하는 기업이 워케이션을 빠르게 도입하는 이유다.

기업이 ESG 경영을
하도록 돕는다

    기업에게 부과된 2050년 탄소 중립 목표는 단순한 환경 보호 운동이 아니다.[8] 21세기 기업의 존폐를 가를 새로운 생존 게임이 시작됨을 의미한다. 탄소 중립 목표를 달성하지 못하면 유럽과 북미에 수출이 막히고 기업 경쟁력이 하락된다. 이는 투자 가치 하락을 의미한다. 그래서 기업의 가치를 평가하는 애널리스트는 글로벌 기업의 ESG(환경·사회·지배구조) 수행 여부를 주시하고 이를 정기적으로 평가하고 진단한다. 사회 공헌 제도가 기업의 사회적 책임CSR과 공유 가치 창출CSV을 거쳐 ESG로 진화되

기업의 사회 공헌 제도의 변천

	CSR	CSV	ESG
정의	기업의 사회적 책임 Corporate Social Responsibility	공유 가치 창출 Creating Shared Value	환경, 사회, 지배구조 건전성 Environment ·Social ·Governance
특징	자선, 기부, 환경 보호 등 기업의 평판 관리에 해당하는 사회 공헌 활동	기업의 수익 창출을 통해 사회 공헌을 하는 것이 아니라 기업 활동 자체가 사회적 가치를 창출하는 것이 특징임	투자자가 기업의 환경, 사회, 지배구조에 대한 건전성을 고려하여 유의미한 성과를 올리기 위해 기업에 요구함
대표사례	삼성의 시각 장애인을 위한 안내견 훈련과 제공. 기업의 수익을 통해 시각 장애인의 필요를 채우는 사회 공헌 활동	탐스의 원포원one for one 정책. 소비자가 한 켤레의 신발을 구매하면 한 켤레의 신발이 기부되도록 기업의 수익 창출과 사회 공헌 활동을 연계함	테슬라의 코발트 프리 배터리 개발 계획. 배터리의 필수 원료인 코발트 채굴 과정에서 콩고의 아동 노동 착취를 막기 위해 코발트가 없는 배터리 개발 계획을 발표하여 사회 Social 가치를 실현함

면서 기업의 사회 공헌에 대한 의무는 선택이 아니라 필수가 되었다. 이미 글로벌 기업들은 탄소 감축 주도권을 쥐기 위해 치열한 경쟁을 펼치고 있고 애플, 구글, 마이크로소프트처럼 선제적으로 나서는 기업들도 있는 반면에 새로운 질서에 허덕이며 도태될 기미를 보이는 기업도

있다.

ESG는 기업의 사회 공헌 영역을 넘어 기업 경영의 필수 이슈가 되었다. 2022년 1월 카카오의 일부 경영진이 무책임한 주식 매도로 주가가 폭락했다. 카카오의 김범수 이사회 의장은 경영진을 전면 교체하고 새로운 수장으로 남궁훈 대표를 선임했다. 남궁훈 대표는 자신의 해결 과제로 사업적 전략보다 ESG를 먼저 내세웠다.

"사회가 카카오에 기대하는 역할에 부응하고 신뢰를 회복할 수 있는 ESG 경영에 전념하겠습니다."
- 매일경제 2022년 1월 21일

이제 기업이 위기에 처하거나 어려움이 닥쳤을 때 어떻게 이익이나 주가를 회복하겠다는 사업적 전략을 이야기하기에 앞서 ESG를 강화하겠다는 것이 기업 문제 해결 전략의 단골 메뉴가 되었다.

ESG에 대한 중요성이 점점 커짐에 따라 2021년 CJ

ENM이 첫 「ESG 리포트」를 발간했다. CJ ENM의 ESG를 지탱하는 3개 중요 축인 지구Planet, 사람people, 비즈니스business 중 사람이 눈에 띈다. 사람은 즐겁게 일하는 문화 구축을 통해 인재를 확보하고 ESG를 달성하며 이를 통해 기업 경쟁력을 높인다는 전략이다. 그리고 그 핵심 방안 중 하나가 워케이션이다. 2021년에 워케이션이 처음 실시되어 제주도에서 매월 10명씩 시범적으로 운영했다. 직원들이 일과 삶을 동시에 즐길 수 있도록 돕고 있으며 2022년부터 점진적으로 확대할 예정이다. 결국 CJ ENM은 '워케이션 ⇒ 즐겁게 일하는 문화 ⇒ ESG 달성 ⇒ 기업 경쟁력 강화'라는 가치 사슬을 통해 워케이션이 ESG 달성의 좋은 대안임을 외부에 고백한 셈이다.

해외의 워케이션 프로그램도 ESG와 연계되어 운영되고 있다. 무엇보다 기업이 워케이션을 통해 직원을 보내는 것 자체가 지역 경제 활성화에 큰 도움이 된다. 나아가 해외의 기업과 지자체가 전략적으로 협력하여 지역 문제를 해결하고 있다. 일본능률협회는 워케이션 프로그

워케이션 프로그램은 ESG와 연계돼 운영할 수 있다.

램을 통해 와카야마현 지자체가 가진 지역 경영상 문제를 해결했다. 와카야마현 지자체는 지역을 위해 어려운 문제를 해결하는 기업에게 숙박 할인이나 무료 인센티브를 제공하여 더 많은 기업이 참여하도록 돕고 있다. 워케이션은 이렇게 국내외에서 사회 가치를 실현함으로써 ESG의 대안이 되고 있다.

워케이션 가치사슬은
기업 경쟁력을 강화한다

워케이션 가치사슬은 워케이션이 어떻게 기업 경쟁력을 강화하는지 설명해준다. 일과 삶의 균형과 팀 내 유대감 형성으로 기업의 인재 확보와 유지가 용이해지고 창의적 업무를 통한 높은 성과 창출이 가능하다. 기업 경영의 화두로 떠오른 ESG를 통해서는 사회 공헌이 이루어지고 궁극에는 기업 경쟁력이 강화된다.

재택근무는 좋은 복지제도로서 인재 확보와 유지에 도움이 되었다. 워케이션은 이를 넘어 창의적 업무 성과 창출과 함께 직장인은 물론 가족까지 행복하게 만드는 국

워케이션 가치사슬

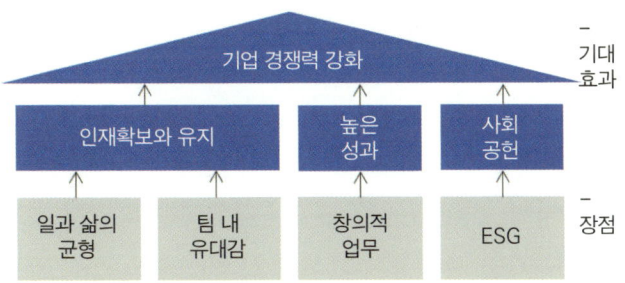

민 행복을 실현하고 지자체에는 지역 활성화와 사회 문제 해결을 돕는 ESG의 대안이 된다. 즉 기업 경쟁력 강화 이상으로 기업이 대내외에서 사회적 가치 실현을 할 수 있는 좋은 제도다. 워케이션은 기업 내 구성원은 물론 기업 밖 지역 사회까지 영향을 미치는 균형 잡힌 복지제도 이상의 경영전략이다.

[사례연구]
ESG와 워케이션

기업 사회 공헌 활동의 연장선상에 있는 ESG가 과거 유사했던 사회 활동과는 무엇이 다른지 알아보자. 지금까지 기업 사회 공헌 활동이 하면 좋고 하지 않아도 문제 없는 선택의 영역이었다면, ESG는 향후 기업이 필수적으로 선택해야 하는 현실로 다가왔다. ESG의 정의를 알아보고 왜 기업의 필수 과제가 되었는지 살펴보자.

ESG의 정의와 배경[9]

ESG는 기업의 비재무적 요소인 환경Environment, 사회Social, 지배 구조Governance를 뜻하는 말이다. 2006년 유엔UN이 발표한 사회책임투자 원칙에서 그 개념이 출발한다. 사회책임투자는 재무 성과뿐만 아니라 사회적, 윤리적 가치를 지속가능 경영 전략의 요소로 고려해 기업에 투자하는 방식을 말한다. 처음에는 이익 극대화를 우선시하는 주주들에 의해 외면당했다. 하지만 2008년 글로벌 금융 위기와 기후 변화에 따른 자연 재해 등 불가항력적 위기가 닥치면서 투자자와 기업들의 인식이 달라졌다. 기업의 지속가능 경영을 위해 재무적 성과와 함께 비재무적 지표인 ESG를 고려하기 시작한 것이다.

ESG가 절실한 이유

ESG가 미흡하면 투자받을 수 없다

ESG에 불을 지핀 것은 세계 최대 자산 운용사인 블랙록Black Rock의 회장 래리 핑크Larry Fink의 연례 서신이다. 래리 핑크 회장은 새로운 자산 운용 기준으로 ESG를 내세우며 기업의 지속가능 경영을 강조했다. 투자업계를 선도하는 블랙록이 ESG 관련 상품을 내놓자 다른 글로벌 자산 운용사들도 ESG 관련 상품을 출시하면서 동참하기 시작했다. 특히 코로나19 위기 속에서도 ESG 투자 기업에 대한 수익률이 높아지면서 ESG에 관한 관심은 더욱 고조되었다. 기업에게 ESG는 생존이 걸린 문제로 다가온 것이다.

ESG는 기업의 생존 전략이다

ESG를 밖으로는 사회 공헌, 안으로는 생존 전략으로 인식하는 것이 현실이다. 글로벌 국내 대기업이 기후 변화 대응에 미흡하면 유럽에 수출할 수도 없으며 블랙록 같은 투자기관이 투자를 철회할 것이다. 따라서 국내 대기업에게 ESG는 단순한 사회 공헌이 아니라 생존 전략이다.

지역 문제의 해결과 워케이션

"기업은 워케이션이 지역 상생에 도움이 되고 ESG에 연결이 가능하다면 높은 관심을 기울일 것입니다."
- E기업 경영지원실장

유니레버 재팬 워케이션 프로그램[10]

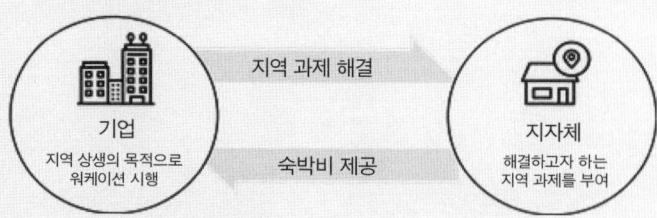

    영국에서 출발한 글로벌 생활용품 기업인 유니레버의 일본 지사는 유니레버 워케이션 프로그램을 통해 지자체와 함께 기업, 직장인, 지역 간 교류를 이끈다. 기업은 지자체의 지역 과제를 해결하며 사회 공헌 활동을 함으로써 ESG를 실현할 수 있으며, 지역 과제를 해결하는 과정에서 직원의 동기부여와 문제 해결 능력 향상의 효과를 볼 수 있다. 지자체는 기업에 무료 숙박과 공유 오피스를 제공하며 지역 활성화를 실현한다.

    일본 유니레버는 기업과 지자체가 워케이션을 통해 어떻게 윈윈win-win할 수 있는지를 보여주는 좋은 사례다.

플로깅은 조깅하면서 쓰레기를 줍는 운동이자 사회 공헌 활동이다.

기업은 워케이션을 통해 직원의 워라밸을 보장할 뿐만 아니라 사회 공헌이 가능하다. 부수적으로는 환경과 사회적 가치를 중요시하는 MZ세대가 자부심을 느끼게 할 수 있다. 그들의 라이프스타일에 환경을 보존하고 사회적 약자를 배려하는 가치관이 녹아 있기 때문이다.

최근 인기를 얻고 있는 플로깅plogging은 조깅하면서 쓰레기를 줍는 운동이자 사회 공헌 활동이다. 환경 문제를 MZ세대의 취미 생활인 조깅으로 해결하는 좋은 사례다.

비영리기관에는 과거와 달리 소액 후원자가 늘어 후원 문화의 저변이 확대되고 있다. 사회적 가치를 중요시하는 MZ세대의 출현 때문이다. MZ세대 직장인에게 지역문제 해결은 불편을 감수하더라도 스타벅스 다회용 컵을 구매하고 소액이라도 자신의 선한 가치관과 부합한다면 비영리 단체의 후원자가 되는 것과 같이 자부심을 높이는 일이다.

인재 확보와 워케이션

"오른손이 하는 일을 왼손이 모르게 하라."

『성경』 속 격언은 비즈니스 세계에서는 통용되지 않는 것 같다. 최근 많은 기업이 「ESG 보고서」를 공표하고 있다. 기업의 착한 행동을 감추는 것이 아니라 어떻게 해서든 알리는 것은 그렇게 하지 못하면 생존할 수 없기 때문이다. 대기업은 물론 공공기관도 「ESG 보고서」를 내고 있거나 준비하고 있다. 중소기업은 보고서를 작성하지는 않지만 ESG 활동을 적극적으로 참여하여 알리고 있다. 그러나 기업의 착한 행동을 알리는 것만으로 ESG에 대한 좋은 평가를 받기는 어렵다. 투자자들이 선한 사회를 만들기 위해 투자를 하는 것은 아니기 때문에 기업의 ESG 활동은 단순히 착한 행동이 아니라 사회의 요구에 부합하고 기업 경쟁력 강화에 이르게 됨을 논리적으로 설득해야 한다.

"최근 글로벌 투자 정보 제공 기관인 모건스탠리캐피털인터내셔널MSCI의 투자 기준 중 ESG의 S인 사회적 가치에 우수한 인력 확보라는 파트가 추가될 만큼 기업의 인재 확보는 필수적입니다. 따라서 기업이 워케이션을 통해 직장인들의 만족도를 높이고 인재 확보를 가능하게 한다면, 이는 기업의 ESG 활동에 큰 도움이 될 것입니다."
-S기업 ESG 전문 연구원

결국 사회적 책임 활동을 통해 기업 경쟁력 강화에 이르게 하는 것이 오늘날 투자기관이 기대하는 ESG이고 워케이션은 이에 대한 적절한 대안이 될 수 있다는 것을 기억하자. 워케이션을 통한 기업의 ESG 강화는 다음의 두 가지로 요약된다.

첫째, 직원 복지를 통한 인재의 확보와 유지다. 둘째, 지역 경제 활성화와 문제 해결을 통한 지역 사회 공헌이다. 이 두 가지가 어우러질 때 애널리스트와 투자기관은 당신의 기업을 선도적 ESG 우수 기업으로 평가할 것이다.

3장

워케이션을 어떻게 도입할 것인가

재택근무 시행 기업에게 위케이션 도입은 쉽다. 파일럿 프로그램을 기획하고 당장 실천해보자.

워케이션은 여행지에서 일하는 원격근무다

 이미 원격근무를 시행하는 기업이라면 워케이션 준비는 된 것이나 다름없다는 말은 과장이 아니다. 워케이션은 여행지에서 수행하는 원격근무로 집을 벗어난 장소에서 진행하는 재택근무이기 때문이다. 코로나19 이후 단 몇 개월 만에 재택근무와 비대면 업무 형태가 정착된 것처럼 경영진의 의지만 있다면 일부 기업이나 직군을 제외하면 어떤 기업이든 시행 여건이 상당 부분 마련되어 있다.

 워케이션의 실행을 위해 기업 내 인사 문화와 업무 인

프라 두 가지를 점검하자. 인사 문화는 기업의 초기 워케이션 활성화에 큰 영향을 미친다. 워케이션을 도입한 기업의 초창기 장애물은 주로 일부 경영진과 현장 관리 팀장급의 이해 부족이다.

"휴양지다 보니까 윗분들 걱정이 많아요. 직원들이 관리자도 없이 알아서 근태를 잘 지키며 근무를 할까 염려하는 것 같아요. (중략) 이런 몰이해 때문에 의외로 워케이션 신청이 저조한 팀이 있습니다."
-워케이션 실행 기업 인사담당자

워케이션을 업무가 아니라 휴가로 인식하거나 비대면 업무 효율성에 대해 의문을 품는 등 원격근무에 대한 불신으로 팀원들이 워케이션 신청을 꺼릴 수 있다. 나아가 승진을 앞둔 예비 승진자들은 관리자들이 워케이션을 그동안 공공연히 행해져 왔던 휴가성 연수나 교육으로 오해하지 않을까 하는 염려에 신청을 포기하기도 한다. 이

재택근무가 정착된 기업이라면 워케이션 준비가 어렵지 않다.

런 오해는 워케이션 주관 부서인 인사팀에서 노력한다고 해결되지 않는다. 최고경영자는 물론 경영진이 인재 확보와 관리에 앞장서야 하듯이 워케이션 도입에도 먼저 적극적인 태도를 보일 필요가 있다.

업무적 인프라는 언급한 대로 재택근무가 정착된 기업이라면 준비하는 데 어려움이 적다. 재택근무를 시행하면서 마련된 원격근무 IT 솔루션(비대면 화상 회의 툴, 협업 툴, 보안 툴 등)과 원격근무 근태 관리나 인사 규정 등을 정의한 가이드라인을 워케이션에 적합하도록 수정하거나 업데이트하고 워케이션에 적합한 장소와 프로그램을 마련하면 된다. 종종 보수적인 공공기관의 경우 원격근무를 집으로 한정하거나 공공장소에서 노트북을 활용한 업무를 금지하는 경우가 있다.

지역 활성화와 국민의 삶 증진이라는 공공성 있는 워케이션의 활성화를 위해 지자체는 물론 정부와 공공기관이 워케이션에 앞장서야 한다는 당위성을 고려한다면 이런 규정들은 시대에 맞추게 바꿀 필요가 있다. 이제 워케이션을 시행할 준비가 되었다면 우리 조직에 적합한 워케이션은 무엇이 있는지 알아보자.

워케이션 파일럿 프로그램을 운영해보자

워케이션은 지역의 특성에 따라 관광지와 지역 연계형으로 하거나, 구성원에 따라 개인과 팀 단위로 할 수 있다. 기업의 필요와 목적에 따라 하나 또는 혼합된 형태의 워케이션을 선택하면 좋다. 워케이션의 종류를 선택했다면 본격적으로 워케이션을 시행하기 전 파일럿 프로그램을 운영한다.

워케이션의 종류[11]

장소 구성원	관광지형	지역 연계형
개인 단위	- 개인 또는 동반 가족이 유명 관광지에 머무르면서 워케이션을 진행함 - 몰입도 있는 일을 하고 다양한 관광 자원을 즐길 수 있어 일과 삶의 균형을 찾기에 좋음	- 개인 또는 동반 가족이 한적한 지역 마을에 머물면서 지역 사회와 연계하여 워케이션을 진행함 - 몰입도 있는 일을 하고 지역 자연환경을 즐기는 것은 물론 지역 사회에 기여하는 일을 병행함
팀 단위	- 2인 이상으로 구성된 팀이 유명 관광지에 머무르면서 워케이션 진행 - 팀 유대감 형성과 네트워킹 향상, 팀 단위 문제 해결의 장점이 있으며 다양한 관광 자원을 즐길 수 있음	- 2인 이상의 팀이 지역 마을에 머물면서 지역 사회와 연계하여 ESG를 실천함 - 팀 유대감 형성과 네트워킹 향상, 팀 단위 문제 해결의 장점이 있으며, 지역 사회와 교류하거나 사회 공헌 활동을 실천함

워케이션 구성원에 따른 종류: 개인 대 팀 단위

워케이션의 목적에 따라 개인 또는 팀 단위로 진행한다. 일과 삶의 분리에 중점을 둔다면 개인 단위로 진행하는 것이 좋다. 하지만 신상품 기획이나 분기별 경영 기획과 같은 팀 단위 업무 이슈를 다룬다면 팀이 함께 가는 것이 좋다. 어떤 워케이션을 진행하든지 기본적으로 일과 삶의 균형이 중요한 워케이션이기에 팀 단위로 진행하더라도 시간을 분배하여 개인이 업무나 휴식에 집중할 수 있는 시간을 안배하는 것이 매우 중요하다. 예를 들어 퇴근 후 시간이나 주말에 개인이 자유롭게 여행지에서 휴식이나 여행을 즐길 수 있도록 환경을 만드는 것이 좋다.

워케이션 장소에 따른 종류: 관광지형 대 지역 연계형

워케이션 장소에 따라 관광지형과 지역 연계형으로 구분된다. 장소에 따른 워케이션 효과가 다르니 적절한 유형을 선택하는 것이 좋다. 주중 업무를 진행하고 주말에 또는 추가로 휴가를 즐기기 위한 직장인이라면 관광지형 워케이션이 적합하다. 관광지형은 관광지가 제공하는 다양한 자연환경은 물론 여행 프로그램, 맛집, 교통, 병원과 같은 다양한 관광 인프라가 잘 갖추어져 있다. 제주도와 강원도가 대표적인 관광지형 워케이션에 해당한다. 일반적으로 많은 사람이 선호하는 형태이기에 도입기 워케이션 장소로 적합하다. 단점은 관광지의 특성상 비용이 많이 들고 너무 유명한 곳일 경우 쉼이나 업무 집중에 방해될 수 있다. 실제로 나와 팀원들은 많은 관광객이 주로 찾는 바다가 보이는 제주 애월의 카페에서 하루 일하게 되었다. 사실상 3시간 이상 머무르는 것은 곤욕이었다. 많은 관광객과 업무에 적합하지 않은 책상과 의자는 잠깐의 업무와 휴식은 좋지만 오래 일하기는 어렵다.

지역 연계형은 한적한 마을이나 지역에서 업무에 집중할 수 있을 뿐만 아니라 지역 사회와 교류하고 나아가 기업이 ESG를 실천할 수 있는 프로그램을 제공한다. 지역 연계형은 한 달 이상 머무르는 장기 워케이션 참여자에게 인기가 높다. 한 달 이상 머물 때는 비용이 중요한데 지역 연계형 장소는 유명 관광지와는 달리 숙박을 비롯한 비용이 상대적으로 저렴하다. 아울러 오래 머물며 낯선 곳의 일상을 즐기면서도 지역과 자연스럽게 교류할 수 있는 장점이 있다. ESG를 실천하고 적은 비용 대비 높은 수준의 업무 인프라를 통해 높은 업무 성과를 얻고 싶다면 관광지보다 조용히 업무에 몰입하기 좋은 지역 연계형 워케이션을 선택하는 것이 좋다.

파일럿 프로그램 운영

CJ ENM이 지난 10월부터 거점 오피스를 제주도 월정리에 마련해 이른바 'CJ ENM 제주점'을 3개월간 시범 운영하고 있다. 2022년 2월부터 정규 인사제도로 운영한다고 10일 밝혔다.

(출처: e대한경제 2021. 11. 10.)

워케이션 도입에 앞서 파일럿 프로그램을 운영하는 것이 좋다. CJ ENM, 야놀자, 토스랩 잔디는 2021년 워케이션 파일럿 프로그램을 운영하였다. 파일럿 프로그램의 운영을 통해 워케이션 도입 시 예상되는 문제점을 발견하거나 본격 시행에 앞서 제도를 정비하고 워케이션을 통한 업무 성과에 있어 목표 수립에 관한 구체적인 방안을 마련했다. 워케이션 제도나 규정 또는 지원 서비스를 완벽히 갖추고 시행하기보다는 파일럿 프로그램을 통해 보완해나가는 것이 빠른 정착에 도움이 된다.

워케이션 파일럿 프로그램은 초기 도입임을 고려해 일주일 정도가 좋다. 프로그램이 준비되면 대상자를 선발한다. 파일럿 프로그램의 대상자는 형평성을 고려하여 선착순 신청을 받거나 동기부여나 사내 호기심 유발을 위해 포상형으로 진행해도 좋다. 포상형으로 진행 시 사내 기대감이 높아져 워케이션에 대한 관심도가 빠르게 확산될 수 있다.

파일럿 프로그램 운영 시 업무 목표에 대한 정의가 중요하다. 휴가 중 일하는 것이 아니라 일하고 휴가를 즐기는 업무 형태임을 명확히 한다. 아울러 취지는 좋으나 도입했을 때 외적으로 업무 성과가 좋지 않으면 나쁜 인상을 줄 수도 있고 내적으로는 참가자의 건강한 업무 긴장감을 위해 합리적인 업무 목표를 선정하는 것이 좋다.

파일럿 프로그램의 운영을 마치면 참가한 직원의 설문 조사를 거치며 보완점을 점검한 후 본격적으로 워케이션 프로그램을 운영한다.

워케이션 시작을 위한 준비

자유로우면서도 주어진 업무를 완벽히 수행하는 일과 여행의 균형이 있는 워케이션을 위해서 세 가지 워케이션 수행 조건, 즉 워케이션 수칙, 업무 목표, 시간 계획이 필요하다. 워케이션 수칙은 낯선 공간에서 업무와 휴가를 즐김으로 인해 자칫 발생할 수 있는 혼란을 미리 방지하고 안전한 워케이션을 가능케 한다. 업무 목표는 자유로운 환경에서도 적합한 성과를 성취하도록 가이드한다. 시간 계획은 자유로운 가운데 책임감 있는 업무 수행과 함께 균형 잡힌 개인의 휴식과 여행을 보장하는 것이 중요하다. 세 가지 워케이션 수행 조건의 내용과 실행 방법에 대해 알아보자

첫째, 워케이션 수칙은 기본 수칙, 업무 수칙, 개인 수칙으로 구분된다. 기본 수칙은 워케이션을 운영하기 위한 안전, 비용, 시간 준수에 관한 내용으로 참가자 누구나 반드시 지켜야 하는 룰이다. 업무 수칙은 낯선 업무 환경에서 오는 자유로움은 충분히 누리면서 혹시 생길 수 있는 혼란을 방지하는 내용으로 구성된다. 개인 수칙은 팀 단위 워케이션의 경우 특히 중요하다. 개인의 휴식과 여행을 업무와 분리하여 충분히 제공할 수 있도록 한다.

토스랩 잔디는 워케이션을 떠나기 전 자신들만의 수칙을 만든 후 이를 잘 지켜 업무성과는 물론 개인의 휴가도 만족스럽게 진행할 수 있도록 사전에 충분히 소통하였다. 열 가지 수칙에는 안전은 물론이고 자유로우면서도 성과를 중시하는 스타트업 특유의 문화가 담겼다. 8시간이라는 업무 시간은 반드시 준수하되 업무 공간은 자유롭게 하고 퇴근 후에는 개인 시간을 존중하는 업무 수칙은 낯선 장소에서 자칫 흐트러지기 쉬운 업무의 기준을 잡아준다. 아울러 업무 중 30%는 워케이션 특성에 맞게 창의적

토스랩 잔디의 워케이션 수칙 10가지

01 안전이 최우선이다.
02 일정에 따라 자유롭게 시간을 활용하되 하루 업무 시간 인 8시간을 지킨다.
03 데일리 스크럼을 통해 워케이션에서 진행할 업무를 명확히 한다.
04 점심은 팀비로 함께 먹되, 저녁은 각자 알아서 해결한다.
05 휴가 시에도 잔디로 종종 소통한다.
06 퇴근 후, 혼자만의 시간을 원하는 멤버의 자유시간을 존중해 준다.
07 이동하는 시간도 업무 시간에 포함한다.
08 업무 공간에 제약을 두지 않는다. 생산성이 발휘되는 공간이 최적의 업무공간이다.
09 업무 중 30%는 창의적인 업무에 할애한다.
10 아이디어 회의는 자연과 가장 가까운 곳에서 진행한다.

JANDI

(출처: 토스랩 잔디 블로그)

인 일에 집중했다. 비용 지출도 워케이션이라는 특수성에 맞게 점심은 팀 경비로 하고 저녁은 개인 지출로 해서 낮 시간은 업무 시간이며 저녁 시간은 개인 시간임을 분명히 한 것이 눈에 띈다. 토스랩 잔디처럼 안전하고 자유로운 환경에서 업무를 하면서 책임감 있는 성과를 내고 개인의 휴식과 여행을 보장하는 워케이션 수칙을 만들어보자.

둘째, 개인과 팀 단위 목표 설정은 워케이션을 통한 업무 완수를 가능케 한다. 워케이션 기간 내 수행할 업무와 관련해 팀 안에서 사전에 논의를 거친 뒤 기간 내에 마칠 수 있는 정도의 업무량으로 협의한다. 또한 해당 과업 진행 현황은 일별 혹은 주간별로 팀과 공유한다. 이는 사실상 재택근무가 정착된 기업이라면 낯설지 않은 중요한 지침이다. D사 경영지원실장은 원격근무 도입 초기 두 가지를 우려했다고 한다. 우선 출퇴근 관리였다. 그다음은 개인과 팀의 업무 목표 관리였다. 초기에는 다소 혼란이 있었지만 협업 툴이나 카톡을 통해 출퇴근을 보고하였고 업무는 개인과 팀의 목표 설정에 따른 과업 관리를 함으로써 빠르게 해결했다고 한다. 워케이션 업무에 있어서도 개인과 팀의 명확한 목표 설정은 참가자들이 최대한 장소가 제공하는 유연함을 즐기면서도 업무 완수에 대한 목표를 놓치지 않고 수행하도록 하는 데 중요하다.

셋째, 워케이션의 시간 계획은 고정근무, 유연근무, 여행과 휴식 시간으로 구성한다. 앞의 두 개는 업무 시간이며 나머지는 업무 외 시간으로 이해하면 된다. 특히 근무

워케이션 시간 구성표

구분	업무 시간		여행 또는 쉼 시간
	고정 근무 시간	유연 근무 시간	
정의	- 개인 업무 또는 팀 단위 업무를 수행함 - 반드시 업무를 진행함 - 8시간 근무 중 50% 이상을 할애하는 것이 좋음	- 정해진 근무 시간은 채우되 현지 상황에 따라 시간과 장소를 유연하게 운영함 - 퇴근 시간 전이라도 개인의 필요에 따라 현지 관광이 가능함	- 6시 퇴근 후에는 워케이션의 취지에 맞추어 개인의 쉼을 철저히 보장함
예시	- 오전 9시~오후 2시까지는 근무 시간을 준수하며 공유 오피스에서 개인 단위 업무나 비대면 회의를 진행함	- 오후 3~5시 동안 서핑 프로그램에 참여하고 저녁 식사 후 2시간 더 근무함	- 6시 퇴근 후 개인 단위로 야간관광 프로그램에 참가하거나 해변가 카페에서 칵테일을 즐김

(출처: 한국관광공사, 워케이션 활용 국내 관광 활성화 연구)

시간을 사무실에서와 달리 가능하면 고정 근무와 유연 근무로 나누는 것이 좋다. 창의적인 업무를 진행하고 워케이션 장소가 주는 자유를 만끽하려면 낮에 자유를 주는 것이 좋다. 그러나 완전 자유 시간으로 할 경우 업무 진행에 방해가 되기 때문에 8시간 업무 시간 규정은 가능하면 지키되 고정 근무 시간에는 업무에 집중하고 유연 근무 시간에는 다소 유연하게 운영해 워케이션 운영의 묘미를 발휘한다. 만약 개인이 관광에 더 집중하고 싶을 경우 개인 휴가를 활용하는 것이 좋다.

[사례연구]
워케이션의 유형

1. 관광지형 워케이션
: ① 한화생명

한화생명은 대표적인 서핑 여행지인 강원도 양양에 있

멋진 전경을 바라보며 업무를 하는 것은 사무실에서 경험할 수 없는 워케이션의 가장 큰 특징이다. (이미지 출처: 한화생명 홈페이지)

는 한화리조트 산하 브리드 호텔에서 자사 직원 대상 '리모트 워크플레이스Remote Workplace' 프로그램을 시작했다. 프로그램에 참여하는 직원들은 숙소와 간단한 음식, 활동비를 지원받는다. 자유로운 환경 속에서 자유롭게 근무한다는 워케이션의 본질에 초점을 맞추어 도서관형 카페, 옥상 정원, 요가 프로그램 등 다양한 콘텐츠 또한 적극적으로 제공되고 있어 직원들의 만족이 높다.

도입 이유

한화생명은 직원들에게 새로운 경험을 통한 새로운 업무성과 창출과 복지를 통한 애사심 고취를 위해 워케이션을 도입하였다.

도입 현황

한화생명은 워케이션 프로그램의 시행 활성화를 위해 유연근무제를 긍정적으로 검토하고 있으며, 기존 워케이션 취지에 맞게 오전에 집중 근무하고 오후에 서핑 후 다시 일하는 자유로운 근무 방식에 긍정적인 입장을 보이고 있다.

"자유롭게 근무와 쉼을 취할 수 있도록 요가 클래스와 힐링 프로그램 등 다양하게 준비했습니다. 또한 오후 2시나 오전에 적당한 시기에 프로그램을 참여할 있도록 했습니다."
-한화생명 워케이션 관계자

: ②토스랩 잔디

협업툴 잔디를 서비스하는 글로벌 IT 스타트업 토스랩의 잔디 팀은 2021년 9월에 새로운 근무 형태인 워케이션 체험을 목적으로 여가 액티비티 플랫폼 프립과 연계하여 제주도에서 워케이션을 진행했다. 프립이 제공하는 코워킹 스페이스인 '프립 그라운드'에서 진행되었다. 모든 업무는 본사의 클라우드 기반 공유 플랫폼인 '잔디'를

이동 중 비대면 회의를 하는 워케이션 참가자 (출처: 토스랩 잔디 블로그)

활용해 소통했다. 모두가 같이 움직여야 하는 워크숍과 달리 유연한 일정 조정과 구성원의 선택이 존중되기 때문에 팀원들은 팀 단위 업무를 같이 수행하면서도 필요에 따라 자유롭게 개인 업무를 진행함은 물론 개인 여행과 휴식을 즐길 수 있도록 진행했다. 주중에는 업무 시간 후나 유연 근무 시간을 통해 제주의 자연을 즐기거나 지역 액티비티 프로그램에 참가했다. 특히 주말에는 팀을 떠나 개인이 제주의 관광을 만끽할 수 있도록 진행한 것이 특징이다.

"함께 떠난 멤버들과 새로운 공간에서 새로운 자극을 받는 것. 그 자극을 통해 업무에 있어서 기존의 틀에서 벗어나 새로운 아이디어를 떠올리고 더 단단한 팀워크를 형성하는 것이 워케이션의 본질임을 잊어서는 안 될 것입니다."
-잔디 워케이션 참가자

도입 이유

코로나19로 팀원 대다수가 여름휴가를 가지 못했다. 그러다 보니 아쉬움과 동시에 여행에 대한 니즈가 있었고 워케이션을 통해 이를 충족하였다. 워케이션에 참여했던 팀원들은 자유롭고 새로운 환경에 업무에 더 몰입할 수 있었고 개인과 팀 생산성을 높일 수 있었다. 특히 개인별 자유로운 일정을 소화할 수 있었다는 점에서 높은 만족도를 나타냈다.

도입 효과

잔디 관계자는 워케이션 도입을 통해 얻은 효과로는 향후 기업 경쟁력, 인재 유치, 복지 등에 긍정적인 결과를 기대하게 된 것이라 밝혔다. 새로운 복지제도로 채용 홈페이지에 기업 문화의 일부로 워케이션을 포함했다. 이처럼 새로운 관광 형태이자 업무 형태인 워케이션은 기업에 인재 유치를 위한 경쟁력 있는 중요한 복지제도다.

2. 파일럿 프로그램형 워케이션
: CJ ENM

CJ ENM은 2021년 직원들이 거점 오피스에서 근무하며 제주 한달살이를 할 수 있는 워케이션을 정규 인사제도로 운영할 계획을 밝혔다. CJ ENM은 2021년 10월에 제주 월정리에 거점 오피스를 마련하고 신청자를 모집해 3개월간 시범 운영을 하였다.

원격근무 제약이 덜한 일반직군부터 프로그램 기획을 담당하는 제작직군까지 다양한 직군과 직급이 신청하고

CJ ENM이 제주 월정리에서 운영을 시작한 거점 오피스 'CJ ENM 제주점' 내부 (출처: CJ ENM 홈페이지)

이용할 수 있다. 신청자 중 매월 10명이 선정되며 참가자들은 한 달 동안 제주도에 머물며 기존 업무를 수행하고 숙박과 교통 지원금으로 월 200만 원을 지원받았다.

도입 이유

CJ ENM은 최근 대두된 리모트 워크와 스마트 워크에 맞추어 직원들의 사기 증진과 리프레시 효과를 주기 위한 시도로 도입했다. 실제로 시범 운영에 참여했던 직원들 역시 리프레시로 업무 집중력이 높아졌을 뿐만 아니라 사내 네트워크 강화와 창의적인 업무 수행 등이 가능했다는 긍정적인 반응을 나타냈다. 회사 관계자 측은 시범 운영을 통해 참여 직원들의 피드백을 종합적으로 고려해 2022년 1월 오피스 공간과 제도를 정비해 정식으로 시작할 예정이다.

CJ ENM 워케이션 특징과 파급효과

대기업이 지역에 워케이션 사업을 하기 위해 거점 오피스라는 인프라를 마련했고 직원을 일정 기간 지속적으로 보내고 지원금을 지급했다는 것이 특징이다. 워케이션 거점 오피스는 직원이 지속적이고 안정적으로 머물게 함으로써 워케이션의 효과를 높일 수 있을 뿐만 아니라 지역 사회 활성화에 큰 도움을 준다. 따라서 거점 오피스는 기업이 워케이션을 통해 지역 사회를 도와 ESG를 실현하는 중요한 도구가 될 것이다.

3. 개인과 팀 단위 지역 연계형
: 서천 청년 마을 워케이션

행정안전부는 지역에 청년을 정착시키는 청년 마을 사업을 운영하고 있다. 서천의 청년들은 '삶 기술학교'라는 프로그램을 통해 2022년 새롭게 서천이 가진 관광 자원과 문화 역사 자원을 활용한 지역 연계형 워케이션 프로그램을 준비하고 있다. 리노베이트된 마을회관에는 지역에서 볼 수 없는 수준 높은 공유 오피스가 들어오고 워케이션에 최적화된 마을 호텔은 이미 운영 중이다. 아울러 서천은 1,500년 된 양조 비법을 자랑하는 전통 소곡주 양조장과 함께 전통 명인이 운영하는 프로그램이 독특하다. 명인이 빚어내는 소곡주 프로그램에 도심의 직장인이 참여하면서 첨단이 아니라 전통에서 새로운 영감을 받고 종종 자신의 비즈니스에 전통을 접목하는 행운을 누리기도 한다.

무엇보다 독특한 것은 청년 마을이 제공하는 지역 연계형 ESG 프로그램이다. 이 프로그램은 지역 사회 어르신들과 교류하면서 자연스럽게 만들어진 것이 특징이다. 예를 들어 도심에서 온 마을 청년들이 여는 SNS 교육이나 컴퓨터 교육에 지역 어르신들의 관심이 많다. 간단한 인스타 사용법이나 컴퓨터 기술이 도심에서는 누구나 아는 지식이지만 서천 마을의 어르신들에게는 배우고 싶은 낯선 지식이기에 마을에서 인기가 높다. 서천은 셀리나처럼 기업이 지역 사회와 연계하여 직원들의 사회 공헌 활동을 가능케 하는 ESG 프로그램을 제공한다.

충청남도 바다 가까이 위치한 서천은 자연환경과 더불어 문화 관광 자원이 많고 한적한 마을은 여유로움을 느끼게 한다. 따라서 신사업 또는 신상품 개발 등 일정 기간 새로운 환경에서 팀 단위로 창의적 성과를 내고자 하는 기업이나 일주일 이상 체류하면서 힐링의 시간을 보내고 지역 사회와 교류하며 ESG를 실천하기 위한 기업 또는 장기간 체류하면서 자유로움을 만끽하고자 하는 디지털 노마드의 워케이션에 적합하다.

4장

관광업계와 지자체는 어떻게 대응할 것인가

관광업계와 지자체는 기업이 워케이션을 관광이 아니라 업무 형태로 인식한다는 것을 이해하는 것이 중요하다.

관광업계와 지자체는 전대미문의 위기에 놓였다

코로나19로 관광업계가 직격탄을 맞았다

유엔세계관광기구UNWTO는 코로나19의 여파로 2021년 전 세계 관광업계 손실이 약 2조 달러(약 2,386조 원)에 이를 것으로 추산했다.[12] 미국 하와이는 관광객이 급감하여 코로나19 이후로 매해 약 2조 원의 손실이 발생하였다. 우리나라도 예외가 아니다. 정부는 2021년 12월 어려움을 겪는 모든 관광업체에 조기 회복을 위해 금융 자금을 1년간 상환 유예하고 이자를 최대 1%까지 감면할 계획이라고 밝혔다.[13] 또한 일반 융자의 70%를 상반기에 집중적으로 배정하고 신용보증부 특별 융자도 대폭 확대하여 지원할 방침이라고 덧붙였다. 정부의 정책이 관광업계에 도움은 되겠지만 관광업계를 살리는 방편이 되기 어렵다는 것은 누구나 안다. 관광업계가 가장 절실한 것은 정부의 도움이 아니라 관광객의 도움이다.

고령화와 출산율 저하로 지방 소멸이 시작됐다

한편 2021년 국토연구원은 고령화와 인구 유출 가속으로 인구 감소와 지역별 편재로 지역 자립 기반이 붕괴되고 있으며 군 지역 인구 비중은 1975년 25.1%에서 2015년 8.3%로 급감했다고 발표했다. 이에 정부는 인구 감소 지역 89곳을 지정하고 지원책에 대해 고심하고 있다.[14]

우리보다 먼저 인구 감소 위기를 겪은 일본의 대응책은 우리에게 많은 시사점을 준다. 일본은 지역에 정주인구 유치를 위해 오랜 기간 힘썼지만 효과는 미미하고 관

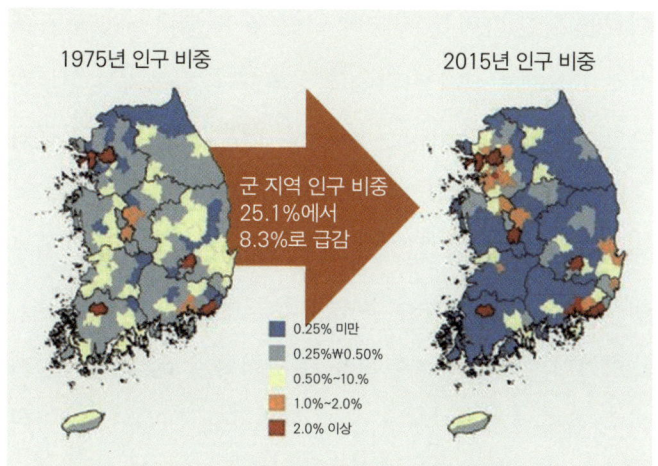

인구가 적은 파란색 비중이 높아지고 있다. (출처: 국토연구원)

광을 통한 교류인구 확대는 일회성에 그쳤다. 이런 상황에서 자연스럽게 관계인구[15] 전략이 주목받았다. 관계인구 전략의 좋은 대안 중 하나가 지역에서 일주일에서 한 달가량 머물게 하는 워케이션이다.

2021년 야노경제연구소가 발간한 「워케이션 시장 실태」에 의하면 인구 감소의 어려움이 있는 나가노현은 2018년부터 지자체가 보유한 폐교나 유휴 공간을 워케이션을 위한 바비큐장, 숙박 시설, 공유 오피스와 같은 시설로 리노베이션해 지역을 활성화했다. 일본에서 선도적으로 워케이션을 시작한 와카야마현은 개인 위주의 유럽·북미형 워케이션과 달리 기업형 워케이션을 도입해 지자체의 지역 활성화는 물론 관광업계를 활성화하고 직장인들이 삶의 질을 높일 수 있도록 도왔다.

와카야마현은 워케이션을 활성화하기 위해 숙박업계와 협력하여 워케이션 시설을 확충하고 무엇보다 기업이 방문할 수 있도록 여러 노력을 기울였다. 세일즈포스닷컴은 이에 부응하여 본사의 인원을 재배치하거나 일시적으로 파견하여 운영하는 위성 오피스를 개설하여 워케이션을 즐기고 있다. 기업은 위성 오피스를 통해 본사 직원들이 새로운 환경에서 일할 수 있게 해 직원들의 삶이 개선되고 또 지역의 인재까지 끌어들이는 효과를 보았다. 수도권에 좋은 인재가 몰려 있는 우리나라와 달리 일본의 인재는 상대적으로 수도권에서 일하려는 욕구가 덜하여 자신이 태어난 지역에서 일하려는 욕구가 있다. 와카야마현의 워케이션 확대 정책은 항공업계에도 영향을 미친다. JAL과 협력하여 더 편리한 교통을 위해 운항 편수를 늘렸다. 일본의 워케이션은 이제 단순히 관계인구의 증가를 넘어 기업의 위성 오피스나 거점 오피스 유치를 통한 정주인구 확대를 목표로 한다. 워케이션을 통해 자신감이 생긴 것이다.

와카야마현과 나가노현의 사례는 위기에 처한 지자체와 관광업계는 물론 직원 복지와 인재 확보의 대안을 찾는 기업이 어떻게 상생할 수 있는지 보여주는 좋은 사례다. 워케이션을 통해 지자체는 유휴 공간을 제공하거나 제도적 지원을 하고 관광업계는 프로그램을 마련하며 기업은 여기에 긍정적으로 참여하면 된다. 워케이션은 관광업계와 지자체의 문제를 한꺼번에 해결할 수 있는 좋은 처방전이다.

워케이션은 관광이 아니라
업무 형태로 홍보한다

"새로운 관광으로서 워케이션을 활성화하려면 어떻게 할지 토론해보겠습니다."

워케이션 활성화를 위해 관광 전문가들이 한자리에 모여 새로운 관광의 활성화를 위한 전략을 논의했다. 관광 업계와 지자체가 워케이션을 '새로운 관광'으로 정의하는 것이야 당연하다. 하지만 나는 워케이션을 새로운 관광으로 정의하는 것이 왠지 불편하다. 그 이유는 고객이 워케이션을 단순히 관광으로 생각하지는 않기 때문이다.

"드릴을 구매하는 고객은 드릴이 아니라 구멍을 구매

하는 것입니다."

마케팅 업계에서 통용되는 명언이다. 20년 전에 들은 놀라운 말이지만 여전히 그 의미를 이해하고 실행하기는 어려운 것 같다. 위의 명언은 드릴을 제공하는 공급자가 드릴이 아니라 구멍의 관점에서 이해해야 마케팅에 성공할 수 있다는 말이다. 이 말은 단순히 마케팅을 넘어 사업의 성공 여부를 판단한다. 구멍이란 고객의 구매 이유, 즉 제품의 본질적 가치를 의미한다. 특히 사업을 시작할 때 드릴의 관점이냐 구멍의 관점이냐가 초기 사업의 성패를 좌우한다.

스마트폰의 원조격인 PDA와 이메일이 강화된 블랙베리는 많은 비즈니스맨의 사랑을 받았지만 대중적으로 성공하지 못하고 사라졌다. 이때 애플의 스티브 잡스는 비즈니스맨의 필수품으로 접근하지 않고 휴대폰과 컴퓨터를 합쳐 어른들의 장난감을 만든다. 기존 IT 전문가들이 컴퓨터의 궁극적인 가치가 업무 효율성의 향상인 만큼 스마트폰의 구멍도 업무 효율성의 향상이라고 여긴 것은 전형적인 공급자 관점의 사고방식이다. 반면 잡스는 스마트폰의 구멍을 일반 대중의 장난감으로 정의하고 대중이 좋아하는 음악, 게임, 소셜 기능을 강화한 아이폰을 만들었다. 결과는 우리 모두 알 듯 대성공이었다.

그렇다면 워케이션에서 구멍은 무엇일까? 워케이션의 구멍은 관광업계가 아니라 고객이 결정한다는 사실을 알면 답을 찾기 쉽다. 워케이션의 고객은 누구인가? 워케이션의 1차 고객은 재택근무 경험 직장인과 기업의 인사담당자 또는 경영자다. 일본 JTB종합연구소 야마시타 마사키 교류전략부장은 워케이션을 설명하면서 다음과 같이 강조한다.

"워케이션은 휴가 중 일하는 것이 아니라는 사실을 명확히 해야 합니다."

야마시타 부장은 워케이션을 휴가가 아니라 일(업무)로 접근해야 의사결정권자인 기업의 인사담당자나 CEO를 설득할 수 있다고 강조한다. 일반적으로 관광의 이용자, 비용 지불자, 의사결정권자가 동일하지만 워케이션은 이들이 서로 다른 흥미로운 상품이다. 워케이션에 대한 의사결정과 비용 지불은 기업이 하지만 이용은 직원이 한다. 워케이션을 일하기보다는 놀거나 휴식을 강조한 관광으로 접근한다면 이용자는 좋아하겠지만 의사결정권자인 기업은 싫어할 수도 있다는 말이다. 인사를 담당하는 B사의 경영지원실장은 기업의 속내를 다음과 같이 드러내고 있다.

"제가 이야기했다는 기록을 남기지 않는 선에서 말씀드리자면…… 아시잖아요. 기업의 CEO는 직원들이 행복하기를 바라기는 하지만 어떤 프로젝트를 시작하기 위해 투자하려면 효과가 있어야 합니다. 워케이션이라는 제도가 직원들의 행복을 넘어서 업무적 효과가 있어야 해요. 그래야 투자를 할 수 있습니다. 그런 면에서 좋은 인재들이 워케이션을 통해 오래 근무할 수 있고 창의적인 업무 성과를 기대할 수 있거나, 특히 요즘 우리가 고민하는 ESG에 대한 대안을 줄 수 있다면 정말 좋은 근무 형태네요."

마지막 말을 주목하자. 워케이션 의사결정권자는 워케

이션을 관광이 아니라 근무 형태로 인식한다. 워케이션을 업무 형태나 효과적인 복지로 소개할 때 기업이 워케이션이란 상품을 구매할 수 있다는 말이다. 워케이션을 관광으로 홍보한다면 뉴스는 만들 수 있지만 관광 상품으로 판매하기는 어렵다는 사실을 알아야 한다.

이러한 의견은 인사담당자를 대상으로 한 워케이션 인식 조사에서도 드러난다. 한국관광공사와 강원도관광재단이 주최한 2021년 워케이션 포럼에서 발표한 자료에 따르면 기업 인사담당자를 대상으로 워케이션 도입을 위한 선결 과제가 무엇이냐는 질문에 77%가 동의한 여덟 가지 항목의 1위가 '대표 및 임원진의 의지'였다. 원격근무 인프라 구축이나 구성원의 공감대보다 의사결정권자의 의지와 동의가 워케이션 도입의 첫 관문이라는 것이다. 기업의 CEO가 워케이션에 대한 의지가 없다면 도입하기 어렵고 CEO에게 워케이션을 소개할 때 새로운 관광이 아니라 새로운 업무 형태로 홍보해야 도입 가능성이 높아진다.

관광 이미지 중심으로 홍보하는 워케이션 홍보 이미지

(출처: 대구경영자총협회, 강원도관광재단, 경상남도 홈페이지)

그러나 현장에서는 아직 워케이션을 새로운 관광 상품의 하나로 인식하고 프로그램을 준비하며 홍보하고 있다. 워케이션을 새로운 관광으로 홍보한다면 호기심과 관심은 끌겠지만 인사담당자나 CEO의 선택으로 이어질지는 모르겠다.

따라서 관광업계는 전망 좋은 공유 오피스에서 업무를 하는 모습의 이미지를 홍보 자료로 활용하는 것이 필요하다. 그렇다면 왜 기존의 지자체나 관광업계가 워케이션을 관광 중심으로 접근하는 현상이 벌어질까? 그 이유는 워케이션의 출발 배경에 기인한다. 해외에서는 개인이나 디지털 노마드가 비용을 직접 지불하는 휴가 중심 워케이션이 먼저 태동했고 그에 따라 관광 중심 워케이션이 더 활성화되었다. 이런 배경에 대한 이해가 부족한 상태에서 해외 워케이션을 그대로 국내에 들여왔다. 일본 JTB종합연구소의 야마시타 부장의 말처럼 휴가 중 일을 한다는 개념의 워케이션으로는 기업의 참여를 이끌기 어렵다는 사실은 우리나라에도 적용된다. 그렇다면 단순히 올바른 워케이션의 홍보 전략을 넘어 유럽·북미형과는 다른 한국형 워케이션이란 무엇인지 생각해보자.

한국형 워케이션은 기업 고객의 이해로 시작한다

일본의 나가노현이 "워케이션은 기업에는 혁신innovation을, 직장인에는 동기부여motivation를, 지자체에는 협력collaboration을 제공한다"고 한 말에 주목해야 한다. 개인과 디지털 노마드의 워케이션이 활성화되려면 유럽과 같이 휴가가 한 달 이상 되어야 한다. 아직은 우리에게 먼 이야기다. 한국형 워케이션의 성공은 휴가 일수가 적어 워케이션을 실천하기 어려운 개인보다 업무 중 워케이션을 보낼 의사가 있는 기업의 참여에 달려 있다. 관광업계와 지자체가 기업을 설득하기 위해서는 기업 경쟁력 강화

측면에서 다음과 같이 워케이션을 접근해야 한다.

첫째, 워케이션은 혁신적 업무 수행을 돕는다. 나가노현이 기업에 혁신을 제공할 수 있다는 것은 단순히 자연환경에서 창의적으로 일해보라는 말이 아니다. 첨단 IT 기업을 유치하기 위해 인프라와 네트워킹을 구축했고 편리하게 머물 수 있도록 제도적, 물리적 인프라를 제공했다. 실제로 신규사업팀이 수도권에서 일할 때의 환경에 맞추어 3D 프린터와 같은 구체적인 지원이 있었기 때문에 참여 기업이 혁신적인 업무 수행을 할 수 있었다. 둘째, 일과 삶의 균형을 제공하는 워케이션이 근로자에게 새로운 동기부여를 제공하는 것은 당연하다. 셋째, 워케이션을 통한 기업의 참여 자체가 지역에 큰 도움이 되는 사회 공헌 활동이다. 따라서 지자체가 지역과 기업을 연결하고 지역 문제를 해결할 수 있도록 적극적으로 나서야 한다.

결국 한국형 워케이션은 기업-직장인-지자체-관광업계의 전략적 연계를 통한 기반 조성이 필요하다. 이런 기반 조성 위에 개인보다 기업이라는 1차 타깃 고객의 명확한 설정, 기업의 혁신을 이끄는 업무 인프라 제공, 일과 삶의 균형을 통한 직원들의 동기부여, 지역과 기업의 상생을 통한 사회 공헌의 기회 창출이 이루어질 때 한국형 워케이션이 성공할 수 있다. 그리고 이런 새로운 업무 형태는 휴가가 아니라 업무 중에, 관광객이 아니라 직장인이 기업의 비용으로 지역에 방문함으로써 새로운 관광 수요 창출과 지역 경제 회복을 이끌 것이다.

관광업계는 기업 고객을 이해해야 한다

"가족 고객을 위한 시설이 없으면 개인적으로 MZ세대는 찾겠지만 기업 고객은 유치하기 어렵습니다. 어린이를 위한 놀이터라도 만들고 가족 숙박 시설을 확충하세요."

나는 워케이션 사업 개발을 위한 컨설팅 도중 D사의 태스크포스팀에게 기존 사업 기획안에 담긴 타깃 고객 설정에 대해 전면 수정을 요구했다. 신참 컨설턴트가 오랫동안 준비한 기획/안을 거부하니 태스크포스팀이 당혹스러워하는 것은 이해가 되었지만 사업의 성패를 좌우하는 고객 정의는 중요한 이슈다. D사는 워케이션에 관심을 기울이는 MZ세대인 잠재 고객을 대상으로 한 워케이션 전략 방향을 잡고 이와 관련된 프로그램과 숙박 업무 인프라를 준비하고 있었다. MZ세대를 타깃으로 한 훌륭한 기획안이었다. 그럼에도 불구하고 내가 반대한 이유는 기업 워케이션을 책임지는 인사담당자가 승인할 수 없는 구조이기 때문이다.

D사가 개발하는 워케이션 프로그램에 기업의 인사담당자가 직원을 보내기 어려운 이유는 뭘까?

임직원 형평성을 고려해야 한다

기업 복지의 중요한 요소 중 하나는 형평성이다. 아무리 좋은 복지제도라도 모든 직원이 참여하기 곤란하면 기업의 지지나 승인을 받기 어렵다. 대기업 복지가 형평성이 미흡하다면 노조가 반대하기도 한다. 일부 직원들의 불만이나 노조의 불만이 있는 복지 상품은 성공하기 어렵다.

워케이션을 결정하는 것은 관광업계가 아니라 고객이라는 것을 명심하자. 워케이션 시장의 가장 큰 고객인 기업의 니즈를 이해해야 성공할 수 있다. 관광업계가 마이스MICE와 같은 관광 영역에서 기업 고객을 대응한 적은 있다. 하지만 마이스는 기업 입장에서 복지 상품은 아니다. 관광업계는 기업을 이해하고 복지 상품으로서 워케이션에 접근해야만 성공할 수 있다. 이런 관점에서 다음의 세 가지를 명심하자.

첫째, 관광 상품이 아니라 복지 상품임을 이해해야 한다. 그리고 복지 상품으로서의 워케이션은 형평성을 갖추어야 한다. 워케이션 도입 초반에는 가족 고객보다 트렌드에 민감하고 일과 삶의 균형을 더 중시하는 싱글 MZ세대가 관심을 기울일 것이다. 하지만 기업의 인사담당자를 만족시키려면 가족을 위한 시설이 충족되어야 한다. 물론 싱

글과 가족 둘 다 높은 수준으로 상품을 준비하라는 것은 아니다. D사처럼 차별성은 유지하되 형평성 이슈가 나오지 않을 정도면 된다.

둘째, 공유 오피스를 통해 업무 인프라를 확충해야 한다. 기업에게 워케이션은 충실한 업무 수행이 가능하다는 신뢰감을 주어야 한다. 일부 보수적인 기업은 여전히 해변가에 놓인 의자에 비스듬히 누워 노트북을 켜고 일하는 모습에 부정적이다. 도입기에 이런 유럽·북미형 워케이션으로는 기업을 설득하기 어렵다. 업무 수행에 대한 확신을 주는 방안은 숙박 룸에 업무 도구를 구비하고, 숙박 시설 내부나 근거리에 공유 오피스와 같은 업무 시설을 확보하는 것이다. 특히 공유 오피스 확보는 관광업계가 나서야 하지만 일본처럼 지자체와 협력하는 것이 좋다.

일본의 나가노현은 노마드워크센터라는 공유 오피스를 통해 기업에게 업무 신뢰감을 제공한다. 워케이션 참가자가 좋아하는 자연환경 외에도 회의실, 개인 업무 공

일본 나가노현의 공유 오피스 노마드워크센터

(출처: 나가노현 노마드워크센터 홈페이지)

간, 키친 등 기업의 인사담당자가 믿을 수 있는 공유 오피스는 워케이션 성공을 위한 중요한 전략적 인프라다.

나가노현 노마드워크센터의 주요 특징은 다섯 가지다. ① 기존의 연수 시설을 개조한 후 NPO(비영리 단체)가 운영을 담당한다. ② 기업 단위 고객이 일주일 단위로 머무를 수 있다. ③ 자연의 중심에 건립되어 워케이션 워커의 업무와 휴식 편의성이 증대된다. ④ 주요 시설로 개인 업무 공간, 회의실, 3D 프린터, 키친, 신상품 테스트 공간 등이 있다.

2020년부터 국내 지자체도 시범적으로 관광업계와 함께 워케이션 프로그램을 시범적으로 운영하였는데 숙박시설을 선정하는 어려움 중 하나가 룸 안에 책상이 미비된 숙박시설이 많았다는 것이다. 공유 오피스는 사실상 워케이션을 실행하기 위한 가장 중요한 인프라이기 때문에 지자체 또는 정부와 협의하는 것이 좋다. 다행히 지방에도 공유 오피스가 늘어나고 지자체도 필요성을 느끼고 있으니 관광업계가 지자체와 협력하면서 해결해나가는 것이 바람직하겠다.

셋째, 한국형 워케이션 맞춤 관광 프로그램을 제공해야 한다. 11월 늦가을의 어느 날 저녁 8시에 나와 팀원들은 가이드의 인솔에 따라 제주도 남동쪽, 성산일출봉이 보이는 오름을 오르고 있었다. 그날 따라 서울에 있는 고객과 본사 동료들과 협의할 일이 많아 낮에는 업무에 집중하고 저녁 시간을 이용하여 야간 오름 산행이라는 지역

제주도가 2021년 11월에 서귀포시에서 운영한 워케이션 시범 프로젝트 아일랜드워크랩스 (출처: 제주도청)

관광 프로그램에 참여하게 되었다. 오름은 제주도 사투리로 봉우리라는 뜻이다. 제주에는 산행하기 좋은 오름이 많다. 우리가 선택한 오름은 높지 않지만 가팔라서 10분 정도 오르니 쌀쌀한 날씨임에도 벌써 등쪽 셔츠가 젖었다. "얼마 남지 않았습니다. 조금만 힘내세요." 가이드의 격려를 받으며 20분 정도 걸려 봉우리라기보다는 나지막한 언덕에 가까운 오름 정상에 오를 수 있었다.

올라올 때는 우거진 나무숲으로 보였는데 거친 숨을 내쉬면서 올라선 탁 트인 정상에는 완전히 개방된 시야가 펼쳐졌다. "와아, 저 별들 좀 봐." 서울 하늘에는 숨어 있던 별들이 쏟아지듯 밤하늘을 가득히 수놓았다. 이내 사람들의 스마트폰 카메라가 하늘을 향하고 가이드는 따뜻한 코코아를 나눠 주며 별자리 설명을 이어갔다. 2시간 반 짧은 코스였지만 모두 처음 해보는 야간 오름 별자리 산행은 우리의 저녁 시간을 알차게 채워주었다.

제주도와 같이 관광 프로그램이 다양한 곳에는 6시 업무 후에도 즐길 프로그램이 있다. 하지만 이는 모든 관광지가 제공할 수 있는 것은 아니다. 워케이션 수행 시 '나인투식스9 to 6' 업무를 진행하면 주중에 낮 관광을 할 수 없게 된다. 따라서 워케이션 활성화를 위해 근로자 노동 정책의 변화가 필요한 부분이 유연근무제다. 대부분 주요 관광지는 물론 야외 액티비티, 박물관, 전시관이 낮에 개방하는 것을 고려하면 근무 시간의 유연성이 필요하다. 하지만 유연근무는 아직 원격근무보다 정착되지 못했다.

향후 정부와 기업이 협력하여 유연근무가 확대될 것으로 예상되지만 워케이션 도입 초창기 유연근무제의 전면 실행을 기대하기 어렵기 때문에 야간 관광과 같은 맞춤 프로그램의 확충이 절실하다.

이런 관점에서 우리보다 앞선 해외 워케이션 프로그램을 벤치마킹하는 데 주의할 점이 있다. 일본을 제외한 해외 프로그램은 시간의 유연성은 물론 여유가 있고 비교적 젊은 디지털 노마드 중심의 프로그램이라서 서핑이나 아웃도어 산행 같은 주간 프로그램이 인기다. 워케이션 참여자가 주말에 머무르는 것을 고려하면 이런 프로그램도 필요하지만 한국형 워케이션 워커의 주중 업무 시간을 고려한 관광 프로그램도 준비해야 한다.

"그냥 좋은 자연에서 산책만 해도 좋아요."
-30대 초반 여성 워케이션 경험자

경제협력개발기구 국가 중 노동 강도 3위의 한국 근로

자는 늘 피곤하다. 아무리 자연과 함께 편안하게 일하는 워케이션이지만 8시간 근무 후 격렬한 운동을 하기는 어렵다는 것이다. 그리고 워케이션을 하는 큰 이유 중 하나는 사무실에서 쌓인 피로를 해소하는 것이기 때문에 일반 관광보다 좀 더 여유로운 관광 프로그램이 필요하다. 물론 향후에는 노동 시장이 유연해지고 업무 강도가 낮아짐에 따라 유럽·북미형 워케이션처럼 다양한 프로그램이 필요할 것이다. 하지만 단기적으로는 주중에는 자연과 함께 힐링할 수 있는 프로그램 또는 주중 낮 업무 시간을 고려한 야간 관광 프로그램은 기본으로 하고, 여기에 주말 관광을 위해 서핑, 산행, 지역 특성을 살린 공예 체험 같은 지역별로 차별화된 프로그램을 갖추어야 한다.

지자체는 기업과
관광업계를 지원해야 한다

"코로나19 이후로 태국의 관광 산업은 마비가 되었고 이에 대응하기 위한 전략으로 워케이션 타일랜드를 기획했습니다."
-태국 관광청 클리사다 랏타나프록 실장

 강원도관광재단이 주최한 2021 워케이션 포럼에서 태국 관광청의 클리사다 랏타나프록 행사 담당 실장은 태국 관광의 절박함에서 워케이션을 고안했다고 말한다. 2019년 세계여행관광협회WTTC가 조사한 바에 의하면 세계 관광 주요 51개국의 국내총생산GDP 대비 기여도가 각각 태국은 21.9%, 한국은 2.8%, 조사대상 국가 평균은 10.4%이다. 태국의 관광 의존도가 한국 대비 약 8배 많다는 것을 고려하면 태국은 우리보다 8배 더 많이 고민한 가운데 워케이션을 기획했다고 말할 수 있을 것 같다. 태국 관광을 이끄는 태국 관광청은 고민 끝에 '어디서든 일한다Work from anywhere'는 슬로건 아래 워케이션 타일랜드 Workation Thailand 프로그램을 시행하였다.

"태국은 물론 전 세계 직장인의 재택근무가 일반화되었습니다. (중략) 코로나로 집에서 근무하는 사람이 많아진 반면 여행은 하지 않습니다. (중략) 직장의 장소를 집에서 여행지로 옮겨 국내 관광객을 활성화하는 것이 워케이션의 핵심 전략입니다. (중략) 아시다시피 여행은 소득 재분배 효과가 높습니다. 도시 소득을 지역에 재분배하죠. (중략) 워케이션의 성공을 위해서 직원이 많은 국영 기업, 민간 기업과의 파트너십이 중요합니다."

관광 경제의 회복이 절실한 태국 관광청이 워케이션에

기대하는 바는 크다. 코로나19가 언젠가는 해결되겠지만 당분간 지속된다면 코로나19로 침체된 관광 산업을 극복할 만한 마땅한 대안이 없는 것이 사실이다. 코로나로 집과 사무실에 갇힌 직장인을 관광지로 불러내는 워케이션은 오히려 코로나로 인해 새롭게 창출된 관광 기회라고도 할 수 있다. 아울러 태국 관광청 또한 워케이션의 활성화를 위해 필요한 전략이 일본형 워케이션을 주도한 지자체의 고민과 일치한다는 것을 알 수 있다. 워케이션 초기 활성화를 위해 지자체-기업-관광업계가 전략적으로 파트너십을 맺어야 한다. 특히 지자체는 기업과 관광업계를 연결하고 지원하는 것이 중요하다.

관광업계 지원 방안

관광업계가 워케이션을 활성화하기 위해서는 워케이션 업무 인프라 구축과 기업 고객 유치가 필요하다. 그러나 업무 인프라 구축은 관광업계가 빠르게 감당하기에는 어려움이 많고 기업과의 네트워킹도 미흡한 것을 감안한다면 이에 대한 정책적 지원이 절실하다. 이러한 어려움을 해결하기 위해 두 가지 방안을 제안한다.

첫째, 워케이션 센터를 통해 거점을 마련한다. 워케이션 센터는 워케이션 업무 인프라의 핵심인 공유 오피스를 갖추고 워케이션 통합 서비스를 제공한다. 기업은 워케이션 센터를 통해 거점을 마련할 수 있고 이를 통해 관광업계와 지역의 이해관계자와 소통할 수 있다. 와카야마현은 2018년에 '시라하마초 제2 IT 비즈니스 오피스'를 열었다. 이곳은 난키시라하마 공항에서 차로 5분 정도 걸리는 좋은 입지에 있다. 마을에서 운영하는 공원 내에 있는 관리사무소를 개축하여 운영하고 있다. 기존 공원 관리사무소와 함께 부동산 회사인 미쓰비시지쇼Mitsubishi Estate가 공유 오피스를 운영한다. 미쓰비시지쇼는 공유 오피스 운영뿐 아니라 와카야마현과 시라하마초와 제휴 협정을 체결해 'Work(워크)×ation(에이션)' 프로그램을 운영한다.

미쓰비시지쇼의 공유 오피스

(출처: 미쓰비시지쇼 홈페이지)

 이상적인 워케이션 센터는 공유 오피스, 관광과 ESG 프로그램, 숙박 시설을 제공하여 지역에 방문한 기업의 워케이션을 지원하는 지원 센터로서 활용하는 것이 좋다. 아울러 기업은 물론 관광업계를 위한 워케이션 아카데미를 개설하고 기업과 지자체가 지역 문제를 함께 해결하는 등 워케이션의 이해관계자가 모이는 거점 센터로 운영한다. 아무리 좋은 관광지에 숙박시설이 훌륭해도 업무 인프라가 갖추어지지 않으면 워케이션을 실행하기 어렵다는 점을 고려하면 워케이션 센터의 공급은 매우 절실하다.

아울러 워케이션 센터가 기업의 워케이션 거점 역할을 할 수 있다면 워케이션의 지속가능성은 더욱 좋아지고 관광업계는 물론 지역 경제 파급효과도 지속가능하게 된다. 워케이션은 기업이 부정기적으로 대규모 인원을 보내던 연수나 워크숍과는 달리 연중 팀 단위 이하 소수 인원을 지속적으로 보내어 파급효과가 질적으로 다르다. 관광 측면에서 기업 연수가 대형 살수차라면 워케이션은 소형 스프링클러와 같다. 살수차의 효과는 크지만 일시적이어서 생태계를 만들기는 어렵다. 스프링클러는 작지만 지속적이어서 사막에서도 생명을 자라게 할 만큼 생태계를 만드는 효과가 있다. 워케이션 센터는 기업이 안전하고 편리하게 지속적으로 지역에 물줄기를 공급하여 워케이션 생태계를 구현하는 전략적 도구인 셈이다.

워케이션 센터는 지속가능한 워케이션 생태계를 만들기 위해 물줄기를 대는 스프링클러와 같다.

 워케이션 센터의 중요성에도 불구하고 지자체의 워케이션 센터의 설립은 부진하기에 만약 지자체가 선도적으로 센터를 설립한다면 선점효과가 크다. 예를 들어 유명 관광지가 아니더라도 마을의 낙후된 모텔을 안전하고 쾌적하게 사용할 수 있는 숙박 시설로 개조할 수 있다. 잘 활용하지 않는 마을회관과 같은 유휴 부동산을 최첨단 워케이션 센터로 탈바꿈하여 카페 같은 업무 공간, 화상 회의 시설, 신속한 업무가 가능한 듀얼 모니터와 상품 개발에 필요한 3D 프린터, 팀 단위 창의적인 토론이 가능한 테마파크 식 실내 회의실을 갖추게 된다. 여기에 더해 지역 사회의 문제 해결을 돕는 ESG 프로그램을 제공한다면 창의적 업무 환경과 ESG에 관심이 많은 CJ ENM과 같은 대기업이 향후에는 지역 활성화를 위해 지역 마을로 워케이션을 전략적으로 보낼 가능성이 높아질 것이다.

워케이션 센터의 거점화로 인한 관계인구 유입 효과는 단순히 관광객이 늘어나는 것과는 다르다. 한 달을 체류하는 워케이션 참여자는 지역의 맛집만 찾는 것이 아니라 자신의 일상이나 취미 생활을 지속하기 위해 피트니스 센터, 지역병원, 아이와 함께할 수 있는 놀이터, 편의점 등을 자연스럽게 찾아간다. 관광의 형태도 관광지만 찾는 것이 아니라 관광지를 벗어나 지역 시장에서 장을 보거나 숙소에서 지역 식재료를 활용해 음식을 준비하면서 마치 지역 주민처럼 살아가게 되어 관광의 한계를 뛰

어넘는 지역 경제 활성화 효과를 일으킨다. 이는 지자체 홀로 막대한 예산과 인센티브를 동원해 정주인구를 확대하는 공급 중심의 일방적 정책과는 달리 지자체와 기업이 상생할 수 있는 새로운 지역 활성화 정책이라고 할 수 있겠다.

둘째, 기업 유치에 적극적으로 나서야 한다. 관광업계 스스로 기업을 유치하는 것은 한계가 있다. 기업 유치가 일본의 지자체와 태국 관광청이 관광업계를 돕기 위해 행한 가장 중요한 일 중 하나였음을 잊지 말자. 특히 관광 기업은 소규모인 데 반해 대기업의 참여 동기가 높은 것을 고려한다면 지자체가 나서야 큰 규모의 기업이 안심하고 참여할 수 있다. 기업의 유치는 단순히 워케이션 참여자를 넘어 기업의 위성 오피스 또는 거점 오피스를 유치하는 것을 목표로 해 관계인구의 극대화를 이루는 것이 좋다.

SK텔레콤과 야놀자는 출퇴근 시간의 단축과 효과적인 원격근무 등 전반적인 근무 효율을 위해 거점 오피스 제도를 운영하고 있다. 기업의 움직임에 대응하기 위해 공유 오피스 업계도 발 빠르게 관련 상품을 내놓고 있다. 향후 원격근무가 더욱 활성화되고 비대면 업무 시간이 지속적으로 늘어나게 되면 기업이 더 이상 도심에 사무실을 운영할 필요성이 점점 없어진다.

코로나19 이후로 기업은 출퇴근에 지친 직원들의 필요와 부동산 가격의 상승으로 원격근무를 확대하고 위성 오피스 또는 거점 오피스를 구축하는 형태로 업무 환경이 변환될 것이다. 워케이션이 기업의 위성 오피스나 거점 오피스를 유치한다면 궁극적으로 관계인구를 넘어 정주인구의 확대까지 가능하다. 이는 관광업계도 살리고 지역 경제도 살릴 수 있는 장기적 대안이 될 수 있다.

기업 지원 방안

대기업과 중소기업의 워케이션 니즈와 도입 시 장애요인이 다르기에 이에 따른 맞춤 지원 전략을 제안한다.

대기업 지원 방안

첫째, 대기업에 절실한 ESG 프로그램을 지역과 연계하여 제공해보자. 일본은 일본능률협회 매니지먼트 센터 주최로 수도권의 차세대 리더 후보자에게 지역 과제 해결을 주제로 한 지역 창생 강좌를 워케이션 형태로 개최했다. 예를 들어 다양한 지역 과제의 테마 중 '벌레 먹은 목재의 브랜딩'이란 실질적 지역 문제를 통해 임업계의 고민을 해결하는 것이었다. 기업은 지역 사회를 돕거나 ESG 실행을 위해 자원과 인력을 투입하고자 하지만 사실상 무엇을 도와야 할지 모르고 있다. 지역 문제에 친숙한 지자체가 지역 문제와 기업의 ESG 니즈를 연결해 기업이 자연스럽게 참여할 토대를 마련하는 것이 좋다.

일본식 지역 문제 해결 ESG 프로그램이 다소 무겁고 어렵다면 셀리나의 ESG 프로그램처럼 언제나 쉽게 참여할 수 있는 프로그램이 좋다. 셀리나는 워케이션에 참여한 개인이나 단체가 쓰레기를 치우거나 지역 사회 어린이들을 돕는 일을 셀리나의 직원들과 함께 자연스럽게 참여할 수 있도록 돕는다. 조깅하면서 지역의 쓰레기를 줍는 플로깅과 같은 프로그램을 상시 운영하는 것도 좋다.

둘째, 기업의 위성 오피스 구축을 위한 인센티브를 제공해 지속가능한 워케이션 생태계를 조성하자. 워케이션을 통한 관계인구 증가를 넘어 위성 오피스를 통한 정주인구 증가를 위해 행정적 지원이 필요하다. 위성 오피스가 구축된다면 기업은 워케이션을 위해 안정적으로 직원을 보낼 수 있다. 그리고 이를 효과적으로 운영하기 위한 상주 인원을 지역에서 추가적으로 고용할 뿐만 아니라 오피스 운영을 통한 경제 파급 효과가 일어날 것이다. 그렇게 기업과 지자체 모두 지속가능한 워케이션 생태계를 구축할 수 있다.

중소기업 지원 방안

첫째, 중소기업을 위한 워케이션 비용 지원이 필요하다. 일반적으로 대기업은 다양한 복지제도가 있지만 중소기업은 이에 대응하는 복지제도를 갖추기 어렵기에 중소기업 직원이 체감하는 워케이션 효과는 상상 이상이 될 것이다. 그러나 중소기업의 복지 예산이 상대적으로 낮아 워케이션을 실행하기 어려운 것은 안타까운 현실이다. 따라서 중소기업 워케이션 참여자에게 지역 화폐나 무료 숙박권을 제공하거나 또는 지자체가 향후 설립할 공유 오피스를 할인이나 무료로 제공하면 좋다.

둘째, 다양한 워케이션 시범 사업을 개최한다. 낯선 워케이션을 기업에 소개하는 가장 좋은 방법은 체험이다. 중소기업 인사담당자들을 대상으로 한 워케이션 시범 사업은 낯선 워케이션에 대한 긍정적 인식을 높이고 효과성을 체험하게 하여 초반 워케이션을 도입하는 데 마중물이 될 것이다.

에필로그

이미 워케이션은 시작됐다

물고기에게 물은 보이지 않는다

현상을 가장 잘 관찰하는 집단은 아마도 과학자가 아닐까 생각된다. 그러나 현상을 명확히 관찰하면서도 사실을 깨닫지 못하는 일은 과학자들에게도 종종 일어난다.

목성은 태양계에서 가장 밝은 행성 중 하나다. 그러나 가끔 밤하늘에는 목성보다 훨씬 밝은 심지어 낮에도 보이는 별이 보이곤 한다. 바로 초신성이다. 초신성은 별이 죽음에 이르는 마지막 단계로서 거대한 자신의 질량을 못 버티고 붕괴되면서 엄청난 에너지와 함께 밝은 빛을 분출한다. 기록에 의하면 16세기 중국을 비롯한 한국 등 동아시아에서 동시에 관찰된 초신성은 약 20여 일 동안 지속되었고 낮에도 관측되었다고 한다.

과거 천문학은 중국만 발달된 학문은 아니었다. 유럽에도 다양한 천문학자들이 활동했다. 그런데 동양과 달리 유럽에는 초신성에 대한 기록이 많지 않다. 왜 그럴까? 중국에서 관찰된 현상이 유럽에서 관찰되지 않을 리 없다. 매일 밤 별을 관찰하고 연구하던 유럽의 천문학자들이 피곤하여 초신성이 나타날 때만 잠을 청한 것일까?

유럽의 과학자는 초신성을 보았지만 인식하지 못했다. 중국의 천문학자들은 초신성이 나올 때마다 신기한 현상으로 여겨 열심히 기록에 남겼지만 유럽의 천문학자들은 초신성을 보고도 무시했다. 일종의 고정관념 때문이다. 유럽을 지배한 아리스토텔레스의 철학은 천체를 완벽한 현상으로 보았기에 천체의 중요한 구성 요소인 별이 있다가 없어지는 것으로 생각하지 않았다. 갑자기 나타났다가 사라지는 것을 지구 지표면 근처에서 일어나는 특이한 기상 현상 정도로 여겼다. 아무리 관찰을 잘하는 과학자라도 고정관념을 가지면 명확한 현상을 보고도 믿지 않는다는 말이다. 마치 물에 대해서 가장 친숙한 물고기가 물을 보지 못하는 것처럼 말이다.

눈보다 열린 생각이 더 중요하다

재택근무가 일상이 된 것처럼 워케이션이 오고 있다. 그러나 여전히 일부 기업 관리자는 워케이션을 일시적 현상이나 비효율적인 일로 여기고 일부 관광업계는 특이한 관광 형태로서 조만간 사라지는 트렌드의 하나로 여기기도 한다. 코로나19는 우리 사회의 구조를 완전히 바꾸어놓고 산업을 초토화시켰지만 새로운 기회도 만들었다. 배달 시장, 온라인 마켓, 비대면 업무, 비대면 축제나 이벤트 등 비대면 사회로의 발전을 가속화했다. 코로나19 이후로 등장한 메타버스는 2021년 가장 낯선 단어 중 하나였지만 2022년 메타버스는 가장 익숙한 단어 중 하나가 되었다.

코로나19가 지나가면 비대면 시장이 주춤할 수 있어도 과거로 돌아가지는 않을 것 같다. 코로나가 없어진다고 배달의민족이나 넷플릭스 앱을 삭제하는 사람은 많지 않을 것이다. 마찬가지로 줌을 통한 비대면 업무도 사라지기는 어렵다. 만약 줌이 사라진다면 비대면 업무가 필요 없어서가 아니라 줌보다 뛰어난 비대면 메타버스 업무 툴로 갈아타기 때문일 것이다. 뉴노멀화된 재택근무는 워케이션의 전조라고 말하고 싶다. 비대면 사회가 아무도 예측하지 못한 사이 우리의 일상으로 왔듯이 워케이션도 우리의 일상으로 온다면 미리 준비한 기업, 관광업계, 지자체만이 쿠팡, 배달의민족, 줌이 거둔 열매를 거둘 수 있을 것이다.

미주

1. 정주인구resident population는 도시나 지역에 주소를 정해 거주하는 인구를 가리킨다. 특히 일정 기간 이상 계속 거주하는 인구를 말한다.
2. 한경 CHO 인사이트, 2021. 2. 19, SK하이닉스에서 시작된 '성과급 논쟁'.
3. 매일경제, 2022. 1. 12, 행시 합격 1년 뒤 학원 강사 이직…2030 세종 관가 탈출 줄 잇는다.
4. 토스랩 잔디가 제공하는 디지털 협업 툴로서 기업이나 조직에서 효율적 소통 툴로 활용되고 있다. 특히 디지털 협업 툴은 원격근무 시 필수 인프라로 자리 잡아가고 있는 추세다.
5. 5명 내외의 대상 고객 집단을 편안한 상태에서 인터뷰함으로써 객관식 위주의 설문 조사보다 이슈에 대해 깊이 있는 답변이나 고객의 심리적 상태를 알기에 적합하다.
6. 한겨레, 2021. 5. 18, 36.8% '코로나 블루' 호소…OECD 중 한국이 최고.
7. 매일경제, 2022. 1. 20, 줌 "미래에는 직원 2%만 매일 출근할 것".
8. 블로터, 삼성전자 ESG 위기 탄소 중립 목표, 얼마나 달성했나.
9. ESG 정의와 배경 그리고 절실한 이유에 대한 주요 내용은 『ESG 혁명이 온다(김재필 저)』를 참고하여 정리하였다.
10. 워케이션 활용 국내관광 활성화 방안 연구. 한국관광공사. 2021.
11. 워케이션 활용 국내관광 활성화 방안 연구. 한국관광공사. 2021.
12. 조선일보, 2021. 11. 30, 유엔, 전세계 관광업계 올해 손실

2,400조 원 추산.

13. 대한민국 정책브리핑 홈페이지.

14. 연합뉴스, 2021. 10. 18, 20년간 인구 줄어든 시군구 151곳… 현실로 닥친 '지방소멸' 위기.

15. 관계인구는 장기적으로 머무는 정주인구와 관광을 통한 교류인구의 중간 지점의 개념으로 2016년 일본의 타카하시 히로유키의 저서 『도시와 지방을 섞다』에서 언급되었다. 일본은 정주인구 유입 정책의 한계를 관계인구 전략을 통해 해소하려는 노력을 기울이고 있다. 이러한 관계인구 전략의 일종으로 워케이션이 대두되고 있다.

워케이션

초판 1쇄 인쇄 2022년 3월 7일
초판 1쇄 발행 2022년 3월 18일

지은이 김경필
펴낸이 안현주

기획 류재운 **편집** 안선영 **마케팅** 안현영
디자인 표지 최승협 본문 장덕종

펴낸곳 클라우드나인 　**출판등록** 2013년 12월 12일(제2013-101호)
주소 우) 03993 서울시 마포구 월드컵북로 4길 82(동교동) 신흥빌딩 3층
전화 02-332-8939 　**팩스** 02-6008-8938
이메일 c9book@naver.com

값 14,800원
ISBN 979-11-91334-58-6　03320

- * 잘못 만들어진 책은 구입하신 곳에서 교환해드립니다.
- * 이 책의 전부 또는 일부 내용을 재사용하려면 사전에 저작권자와 클라우드나인의 동의를 받아야 합니다.
- * 클라우드나인에서는 독자여러분의 원고를 기다리고 있습니다.
  출간을 원하는 분은 원고를 bookmuseum@naver.com으로 보내주세요.
- * 클라우드나인은 구름 중 가장 높은 구름인 9번 구름을 뜻합니다. 새들이 깃털로 하늘을 나는 것처럼 인간은 깃펜으로 쓴 글자에 의해 천상에 오를 것입니다.